Metodología de la Investigación

Para mi querido amigo Nicolas
de toda la vida pasada, presente
y futuro

Patricio
11/XII/1999

Modelo Académico

Metodología de la Investigación

sep

conalep

LIMUSA
NORIEGA EDITORES
MÉXICO • España • Venezuela • Colombia

Ilustración y diseño de portada:	*Juan Sebastián Barberá*
Diseño de Interiores:	*Bracho Comunicación Integral*
Producción y supervisión editorial:	*Editorial Limusa, S.A. de C.V.*

GRUPO NORIEGA EDITORES
Balderas 95, México, D.F.
CP 06040
521-21-05
01(800) 7-06-91-00
512-29-03
limusa@noriega.com.mx
www.noriega.com.mx

CANIEM NÚM. 121

PRIMERA EDICIÓN

conalep

IMPRESO EN MÉXICO
ISBN 968-18-5958-8

Presentación

La inserción de México en la economía mundial que se caracteriza por un proceso acelerado de cambios tecnológicos y económicos exige niveles superiores de educación y capacitación.

En el nuevo modelo de desarrollo económico, la competitividad se encuentra en el centro del paradigma. Este hecho ha permitido el surgimiento de un consenso generalizado entre educadores y economistas, así como entre funcionarios públicos y dirigentes políticos, en que la acumulación y uso del conocimiento es un factor decisivo para determinar la competitividad de las naciones.

Hoy nadie puede pensar que la obtención de un certificado o un título le asegura un lugar en la sociedad del conocimiento. En lo sucesivo, todos los seres humanos tendremos que proseguir nuestra formación o capacitación a lo largo de la vida. Este requerimiento ha obligado a dar un nuevo enfoque al proceso educativo y poner el énfasis en el desarrollo de las cualidades y habilidades del educando para que aprenda a aprender, aprenda a hacer y, sobre todo, aprenda a ser.

De ahí que en el Conalep hayamos realizado una amplia reforma de los programas y contenidos educativos a fin de adecuarlos a los requerimientos de la sociedad del futuro.

Los nuevos textos proporcionan al alumno los instrumentos indispensables para enfrentar los retos que le planteará, en su vida profesional, el acelerado desarrollo científico y tecnológico. Estos textos han sido preparados por distinguidos investigadores del CINVESTAV, de la UNAM, de El Colegio de México, el ITAM, así como de otras instituciones de educación superior.

El esfuerzo por brindar en el Conalep una educación de calidad y pertinencia ha sido resultado de la labor conjunta de sus profesores, de académicos de otras instituciones, de las autoridades educativas estatales y federales, así como de la opinión de los alumnos del Colegio. Mención especial merecen los representantes del sector productivo que desinteresada y generosamente dedicaron un buen número de horas a colaborar en esta tarea colectiva. A todos ustedes les agradezco su participación y sus valiosas aportaciones.

Antonio Argüelles
Director General del Conalep

Contenido

Introducción

Al iniciar la lectura de este texto, has llegado a una de las asignaturas más importantes para tu formación como profesional. En la medida en la que vayas avanzando en su estudio, vas a ir descubriendo en cada una de sus hojas, párrafos y ejercicios, los elementos que te permitirán ordenar tu trabajo como estudiante y también conocerás los aspectos necesarios para orientarte tanto en tu vida laboral, como, y esto es lo más inmediato, en la manera de proyectar, realizar y presentar tu informe recepcional (procedimiento de titulación) ¿Comprendes la magnitud e importancia del asunto?
La asignatura de Metodología de la Investigación se ubica en el quinto semestre de formación básica de tu plan de estudios, en el área de Lenguaje y Comunicación. Esta área pretende enseñarte a que te relaciones con el manejo de códigos lingüísticos, simbólicos, prácticos y epistemológicos, es decir, a que adquieras los medios para entender y representar a la realidad, desarrollando las habilidades que te permitirán expresar y comprender mensajes de diverso tipo, de manera de que logres una comunicación eficaz con los demás, tanto en el ámbito académico como en el laboral.

El objetivo general de la materia de Metodología de la Investigación es que aprendas los principios del conocimiento científico y de la investigación científica con el fin de que, una vez que hayas adquirido las habilidades, las apliques en el planteamiento, la explicación y la resolución de problemas relacionados con tu formación académica y profesional. En otras palabras, se pretende que:

* Aprendas a utilizar los principios de la Ciencia y de la Tecnología en el planteamiento y resolución de problemas vinculados con la escuela y el trabajo.

* Puedas analizar de manera reflexiva y crítica el por qué es importante la actividad científica y tecnológica en el desarrollo económico y social de un país.

* Desarrolles las capacidades del pensamiento y de los procesos lógicos que te permitan explicar los distintos fenómenos naturales y sociales del entorno.

* Aprendas a manejar de manera eficiente los códigos, reglas y claves de la cultura y sus lenguajes simbólicos (representaciones de los conceptos), para interpretar y expresar todo tipo de mensajes vinculados al pensamiento científico.

* Asumas una actitud propositiva en la solución de problemas de tu medio ambiente.

* Logres comprender con profundidad los temas relativos a las propiedades del conocimiento científico, a las definiciones propuestas, a su origen o génesis, a su desarrollo y evolución.

* Se trata de favorecer tu comprensión de las bases de la Ciencia y la manera de hacer la investigación científica, de modo tal que puedas abordar, es decir, empezar a resolver, el tema referente a tu trabajo de titulación.

En este libro encontrarás una invitación a estudiar las causas verdaderas de las cosas, a interrogarte acerca del por qué de lo que sucede en el mundo. Entenderás que la actitud científica implica una búsqueda constante, un examen de los fenómenos naturales y sociales que requiere de persistencia y de un gran esfuerzo intelectual. Se trata de que reconozcas el trabajo necesario y permanente que se debe de emplear para obtener la información científica y de que comprendas cuáles son los límites de la propia Ciencia y, en especial, qué es una disciplina o actividad al servicio del ser humano.

El conocimiento nos da conciencia, que es el estado del ser humano que permite que se aprecie y se conozca el sentido de las acciones mediante el discernimiento. Es lo que permite que te fijes fines y elijas los mejores caminos para llegar a ellos en concordancia con tus principios o ideas. Así, la conciencia es una forma de saber estar en el mundo.

Por lo escrito en este libro conocerás los distintos tipos de saberes, entre los cuales el conocimiento o saber científico, es uno de los más importantes para entender al mundo que nos rodea. La idea es que llegues a formularte una definición clara y precisa de la noción de Ciencia, que repares en la diferencia con otras formas de conocer, que entiendas el uso de los Métodos Científicos y de la Metodología como un estudio de los procedimientos para el abordaje de la realidad y de las técnicas de investigación con un criterio de utilidad.

Por otra parte se te ofrece la posibilidad de comprender las formas de expresión del conocimiento científico, es decir, de que conozcas y descifres el léxico o terminología empleado en la Ciencia, como por ejemplo, saber qué son las teorías, los hechos, la clasificación, las leyes científicas, etcétera. En otras palabras: es un llamado a sumergirte en la aventura del conocimiento de una forma sistemática y organizada, con el fin de que puedas explorar, investigando con los procedimientos de la Ciencia, esto es, con sus métodos, sus sistemas conceptuales y definiciones, sus técnicas y procedimientos de comprobación, de manera reflexiva, el amplio territorio de los fenómenos sociales, biológicos, culturales y económicos, sólo por mencionar algunos. Te proponemos que recorras el camino en donde, ¡más que buena suerte y buenas intenciones, se requiere de estudio y más estudio!

Al inicio de cada una de las unidades que se presentan, encontrarás los objetivos particulares de los temas que se desarrollan y al final de las mismas se incluyen los resúmenes. Estos no son una síntesis, ya que para su comprensión se requiere de que hayas leído completamente toda la unidad. Asimismo, se sugerirán una serie de ejercicios que te permitirán reforzar los aspectos estudiados. Si tienes alguna dificultad con las palabras empleadas en las lecturas, consulta el glosario de términos que se encuentra al final del libro y, desde luego, un buen diccionario.

Nosotros consideramos que tú, como alumno, debes entender y apropiarte de lo que la Ciencia ya estudió; luego con el maestro, con tus compañeros y con este libro, tienes la tarea de discutir las leyes, teorías, etc., es decir, el contenido de esos conocimientos, con el fin de que los asimiles y te puedas servir de ellos para realizar tus investigaciones.

Algunas consideraciones para leer este libro.

1. Solicitamos de ti una actitud o disposición para observar, preguntarte y tratar de averiguar, en cualquier circunstancia de la vida, la causa de los hechos que te rodean. Se requiere de una capacidad para descubrir e interrogar a la propia realidad, para iniciarse en el camino de la Ciencia, es necesario preguntarse y realizar un esfuerzo que permita resolver los cuestionamientos planteados como problemas. No importa que creas haber alcanzado una conclusión totalmente verdadera, es menester una interrogación permanente. Si por ejemplo, las hojas de los árboles, los colores del paisaje y hasta las montañas cambian, si todo cambia, ¿cómo no van a cambiar las actitudes y opiniones de las personas?, ¿por qué tú no vas a cambiar? Queremos que entiendas que una condición para hacer Ciencia es que la búsqueda de explicaciones nunca termina, la curiosidad es insaciable y el territorio es tan grande como el universo mismo, por lo que nuestras verdades o conclusiones siempre estarán sujetas a corrección.

2. Por otra parte, debes de mantener una manera de pensar y una conducta perseverante y disciplinada. Esto significa dedicar tiempo al estudio de las cosas, ¡porque todo, tanto en la vida como en la Ciencia, es resultado de una gran pasión al servicio de una idea! Se trata de que realices un esfuerzo permanente mientras dure tu investigación. También debes de entender que en la Ciencia se aprende de los errores: Estos no se

consideran como una frustración, sino como un estímulo para seguir avanzando.

3. Se trata de que desarrolles una capacidad de estudio objetiva, es decir, de que te despojes de prejuicios, de opiniones erróneas o rumores, de ideas preconcebidas. Debes de evitar los dogmatismos, no todos los conocimientos son verdades eternas e incontrovertibles. Pero tampoco debes de opinar sobre los hechos antes de conocerlos, ni de aplicar los métodos y técnicas como si fuesen simples recetas de cocina. Queremos que expreses tus ideas con razonamientos lógicos, no importa que vayan en contra de lo que aparece como "normal" o que incluso sean opuestas a los argumentos de instituciones o autoridades que pretendan ser científicas sin comprobarlo. Lo anterior no quiere decir que debes estar en contra de todo y contra todos. Antes bien, es necesario que reconozcas el esfuerzo y el trabajo de los demás y las ideas que te auxilian en tu formación constante. También debes considerarte responsable y defender las consecuencias de tus propios actos y resultados. Un pensador dijo que la Ciencia es buena cuando va acompañada de sabiduría (Russell, 1969), es decir, cuando se tiene una concepción equilibrada y justa de los fines de la vida.

La importancia de la Metodología de la Investigación para tu futuro como profesional técnico, es que te posibilita (procura desarrollar en ti) la capacidad para que puedas "leer" la realidad, abstracta o concreta, con la intención de que la transformes, logrando espacios mejores para la sociedad en la que vives, para que habites en una democracia tanto en las ideas como en los actos. Que puedas ofrecer tu crítica constructiva y aprender a respetar las diferencias de los otros, no sólo de opinión, sino también de sus técnicas y métodos. Pero ¡cuidado!, no consideres a la Ciencia como una solución superior y aplicable en todos los casos, y mucho menos la utilices ciegamente, recuerda que ella (la Ciencia) tiene límites, y esto se debe a que es un producto de las condiciones históricas del ser humano.

unidad

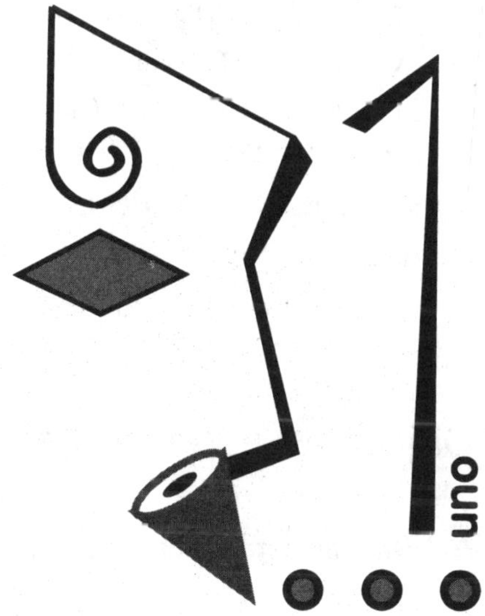

El Conocimiento y la Ciencia: tipos de saberes y saber científico

Objetivo

El Objetivo de esta unidad es que reflexiones sobre los distintos tipos de saberes, de manera que puedas identificar el conocimiento científico, su producción y sus principios básicos.

Objetivos específicos

Al terminar esta unidad deberás de ser capaz de:

- Definir qué es el conocimiento científico.
- Explicar lo que entiendes por realidad.
- Identificar los condicionamientos del ser humano en el acto de conocer.
- Distinguir entre saber cotidiano y conocimiento científico.
- Explicar lo que es la Ciencia.

Temas

1.1 El conocimiento y la realidad: Sobre lo que se considera como realidad y la manera de conocerla.

1.2 Saber cotidiano: Caracterización.

1.3 Principios básicos y criterios del conocimiento científico: La noción de Ciencia.
1.3.1 Objetividad
1.3.2 Racionalidad
1.3.3 Sistematicidad
1.3.4 Reproducibilidad

1.1

El conocimiento y la realidad: Sobre lo que se considera como realidad y la manera de conocerla

Cuando nacemos, nos incorporamos a un mundo y a una organización social ya existente; nos encontramos con otras personas, con un lenguaje, con un sistema de explicaciones, tanto sobre el ser humano, como sobre la realidad que lo rodea, natural y social, física y metafísica. Es decir, el ser humano, cada uno de nosotros, se fusiona a una cultura que tiene su forma particular de entender al mundo y al hombre dentro de él. Por lo tanto, la primera tarea, que iniciamos desde el nacimiento, es ir apropiándonos de los frutos culturales que esa sociedad ha producido.

En esta acción, uno de los primeros elementos que aprendemos es el lenguaje, que no es nuestro, propio, personal, sino que ha sido creado antes por otros. Al participar de este objeto creado socialmente, podemos dar a nuestros sentidos: oír, ver, gustar, oler, tocar, una función que nos permite apropiarnos de los sonidos, las imágenes, los sabores, los olores y las sensaciones táctiles. Así, vamos estableciendo una relación entre las cosas, los objetos y el lenguaje que le da sentido al aprendizaje, al conocer. De esta manera, a medida que vamos viviendo también vamos aprendiendo.

Es un hecho que todos conocemos, pero de hecho no todos conocemos de la misma forma. Aunque algunas personas no entiendan en qué consiste el pensar y su consecuencia: los pensamientos; todos pensamos continuamente durante nuestra vida.

Con el acto de vivir entramos en contacto con la realidad, y esta es, al igual que la existencia, todo aquello con lo que el ser humano se relaciona. Tú y yo estamos insertos en un mundo de fenómenos y de cosas, objetos, manifestaciones e ideas en movimiento. Reflexiona bien sobre esto: el estar inserto en la realidad significa que estás dentro de ella, pero al mismo tiempo, esta existe independientemente de ti, fuera de tu voluntad; nosotros actuamos, vivimos en ella y la modificamos, y ella actúa sobre nosotros y nos modifica: ¿te das cuenta de que somos, a la vez, producto y productores de la realidad?. El conocimiento de la realidad consiste en identificar las características específicas que componen a los fenómenos; en síntesis, la realidad es todo lo que se presenta aquí y ahora, el mundo que se comparte con los demás y que está a nuestro alcance, el cual conocemos de diferentes maneras.

Podemos hablar de una doble constitución de la realidad. En primer lugar, la que se denomina natural y que se caracteriza porque no es producto de la acción del hombre; es aquella que se conoce como naturaleza (fenómenos biológicos, químicos, etc.). En segundo lugar, una realidad social, que concierne a lo formado por los hombres en su conjunto (la política, la religión, la economía, etc.). Esta es otro tipo de realidad, diferente a la naturaleza. El hombre (palabra que deriva del latín homo, humus, al italiano uomo, al español hombre, sujeto de la tierra, pluralidad con dos géneros, masculino y femenino, varón y mujer, respectivamente) es un sujeto que tiene la capacidad de conocer y de relacionarse en su práctica diaria tanto con los demás seres humanos como con los hechos naturales.

¿Cómo se genera esta relación con la realidad, o mejor dicho, con los dos tipos de realidad?

Una primera respuesta: a través del trabajo, por medio de esa actividad productiva que es la capacidad para subsistir como seres humanos, organizándose con los otros para reproducirse y utilizar los recursos naturales.

Como segunda respuesta: el hombre se relaciona con la realidad conociéndola. Conocer la realidad es una tarea que se efectúa de diversas maneras. El hombre no es un individuo aislado, por lo tanto conoce a partir de las ideas de los otros y de su propia experiencia, interroga a la realidad desde un determinado conjunto de datos o saberes sociales.

Existimos y coexistimos en el mundo, compartimos con los demás la posibilidad de conocer.

¡Pon atención a esto! En algunas corrientes de pensamiento se pretendía que la realidad se debía de adecuar a los conocimientos que se tenían a priori, es decir, se tenía una idea de cómo era la realidad y ella se debería ajustar al esquema teórico, a esa corriente de interpretación se le denomina racionalismo. Por el contrario, en otro tipo de corriente, el denominado empirismo ó aposteriorismo, sostenía que la descripción del estado actual de las cosas era lo científico, olvidando con ello que la Ciencia es teórica y empírica a la vez.

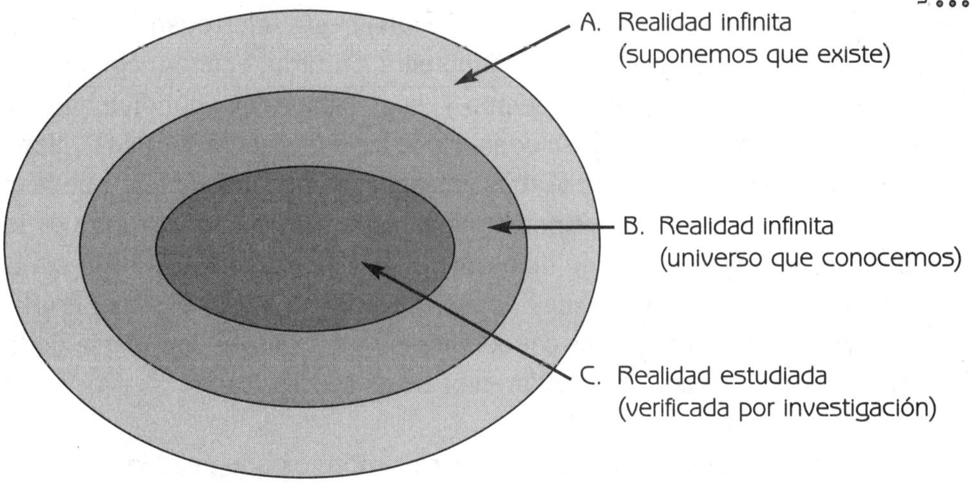

Esquema No. 1.
Representación gráfica de los distintos tipos de concepción de la realidad. A. Todo el Universo que se supone que existe. B. Universo conocido que no ha sido investigado. C. Parte del Universo que ya ha sido estudiada y que compone al conjunto de nuestros conocimientos.

Con lo dicho hasta ahora, hemos afirmado que no hay conocimiento sin sujeto que piense a la realidad. Hemos señalado también que el sujeto está inmerso, comprometido con esa realidad; en consecuencia, tanto su conocimiento como él mismo nacen y se desarrollan como un producto social, en un momento y en un lugar específicos. El hombre y los fenómenos que conoce están vinculados entre sí. Dicha relación, hombre y realidad, está representada por una línea, dos polos que se implican mutuamente, necesarios en un solo proceso. En otras palabras, el conocimiento es posible como resultado de la relación entre el sujeto que conoce y el objeto que se conoce, y por tal motivo dependen uno del otro. Ni el pensamiento es puro reflejo de los objetos, ni los objetos hablan por sí mismos. Es como el cuerpo a la cabeza, el uno es ciego sin la ayuda del otro.

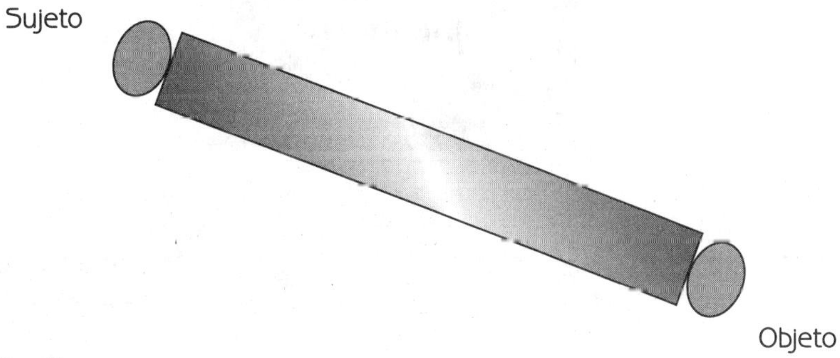

Esquema No. 2.
Los dos polos del conocimiento, el uno es impensable sin el otro.

Pero, ¿desde dónde se conoce? Para resolver esta interrogante tenemos dos respuestas: i) conocemos desde nuestro medio ambiente, cultural, económico, social, etcétera; a saber, desde un contexto específico en el tiempo y en el espacio que condiciona o determina la manera de "abordar" la realidad; y ii) se conoce por las enseñanzas recibidas, desde las más simples hasta las más complejas, desde nuestras creencias, conceptos e ideas que hemos aprendido en nuestra sociedad. En suma: conocemos desde nuestra muy personal forma de ser, desde nuestro grupo, nuestro país, ya que existen datos en nuestro medio que nos informan cómo conocer y que además, proporcionan los medios o procedimientos para efectuar esa labor ¡Observa bien que todavía no decimos si estos conocimientos y formas de apropiarse de la realidad son científicos!; más adelante hablaremos de esta temática.

Deseamos entender la realidad por varios motivos que pueden ser técnicos, con un valor instrumental, con una intención teórica o bien explicativa, a fin de comprender el desarrollo de todo un proceso social o natural, o con un interés que auxilie a los seres humanos a superar algunas causas que los limitan en su libre quehacer. Aristóteles, filósofo griego, afirmaba que estaba en nuestra naturaleza la disposición a aprender.

¡No sabemos si todos tenemos esta disposición, lo importante es que tú si la tengas!

El individuo conoce desde:

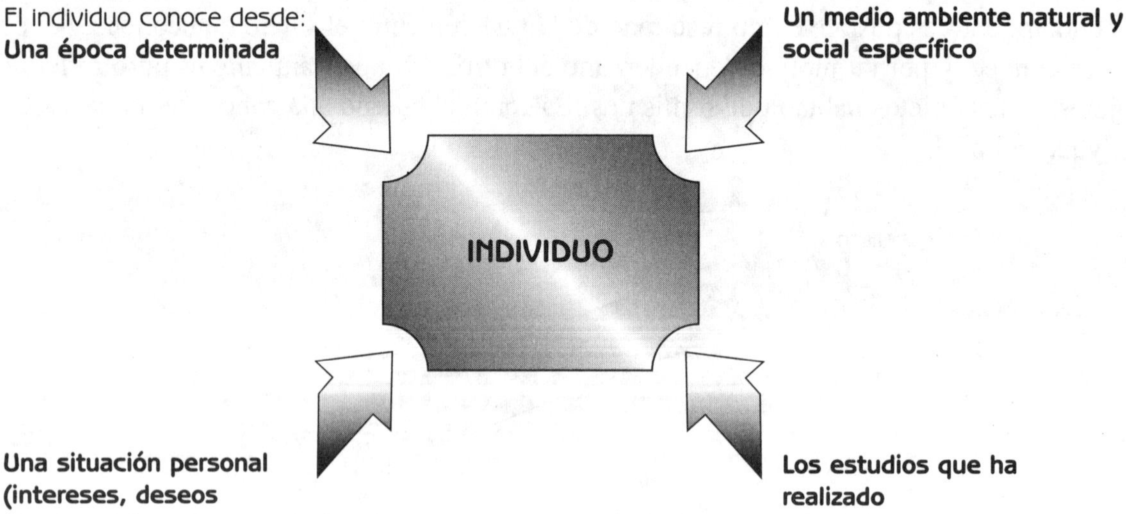

Esquema No. 3.
Circunstancias que influyen en los individuos en el momento del conocer.

1.2

Saber cotidiano. Caracterización

Con mayor o con menor extensión y con distinta profundidad en todos los hombres existen saberes: todos pensamos. En primer lugar, se puede llegar a saber de una manera natural que se aprende por el sólo hecho de vivir; en segundo lugar, se puede obtener saber científico, esto es, cuando se tiene una disposición para conocer de acuerdo a determinados procedimientos (este último punto se estudiará con mayor precisión más adelante). El primero es el saber cotidiano, que se puede denominar sentido común, saber vulgar o conocimiento ordinario (o empírico). Consiste en toda aquella actividad de la mente que se da en la mayoría de las personas de forma habitual, a diario y que no tiene por objeto llegar a explicaciones profundas. Es un pensamiento producto de la experiencia cotidiana, es superficial y no sistemático. Se caracteriza por ser una aproximación a las cosas y es básico e indispensable para vivir. Se limita a percibir lo inmediato. En algunas ocasiones utiliza ciertas informaciones e ideas del saber científico, pero no involucra la forma del proceder científico para generar el conocimiento, lo que provoca que el sujeto construya su cultura de una forma heterogénea y diversa.

Por otra parte, la Ciencia crece a partir del conocimiento común (del saber cotidiano) y, de hecho, la investigación científica empieza en el lugar en que la experiencia y el saber ordinario dejan de resolver problemas y hasta de plantearlos. El conocimiento científico supera lo inmediato de la experiencia, busca ir a una explicación más profunda y de alcances objetivos, es decir, de validez general. No le basta con copiar únicamente lo externo, ya que algunos fenómenos, si no es que la mayoría, no se captan solo con el nivel perceptivo. Su diferencia no es tanto del objeto que se conoce, sino del procedimiento para conocerlo.

¿?

¡Reflexiona: conocimiento cotidiano y conocimiento científico son diferentes pero no opuestos!

El conocimiento científico no es una mera prolongación del pensamiento cotidiano, su diferencia está en el tipo de explicaciones que cada uno presenta. El científico procura ofrecer explicaciones sistemáticas y controlables por evidencias fácticas, es decir, por la organización de los datos, auxiliándose de una clasificación, de leyes y principios e investigando por qué un fenómeno es así y no de otra manera. Su función es relacionar, de manera sistemática, todo lo que se conoce acerca de un determinado sector de la realidad. Es un saber en relación con otras cosas, es establecer conexiones en una serie de operaciones mentales que, además, deben de ser comprobadas y comprobables (por demostración o por experimentación) dentro de una explicación estructurada.

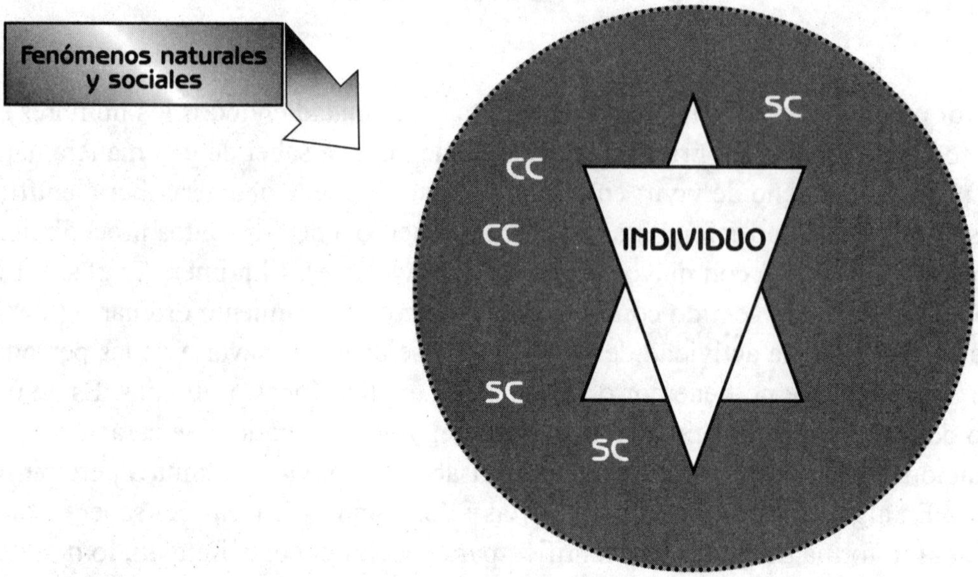

Esquema No. 4.
El individuo conoce por medio de saberes cotidianos o sentido común (SC) y por el conocimiento científico (CC).

Por ejemplo, frente a una enfermedad se pueden dar dos tipos de soluciones:

a) Los consejos u opiniones de algunas personas, resultado de su experiencia personal, que no explican las causas particulares que provocaron la enfermedad y que proponen remedios o curas que podrían funcionar, ya que mejoraron a algún conocido con un caso similar. Este es el tipo de respuesta que llamamos de sentido o saber común.

b) El diagnóstico de un médico, quien con diversos estudios procurará detectar y relacionar los factores que originaron dicha enfermedad, proponiendo además, un tratamiento para su curación. Este es el tipo de respuesta dada por el saber científico.

Es posible que con las dos se combata la enfermedad, sólo que con el diagnóstico médico se sabrá con certeza sobre los orígenes, las causas y los procedimientos para tratarla de una manera correcta.

1.3
Principios básicos y criterios del conocimiento científico: la noción de Ciencia

El conocimiento científico es posible porque existe un mundo objetivo que es independiente de los seres humanos y de los grados de comprensión que de él se puedan tener. La realidad es captada por medio de varios procedimientos, como son la intuición, los sentidos, la imaginación y la Ciencia. Es la base o punto de partida, y en consecuencia, el conocer debe estar ligado, circunscrito a ella. Esto ya lo hemos señalado antes: la realidad está en constante cambio, los hechos o fenómenos deben de ser descubiertos en esa dinámica, por lo tanto, sus explicaciones obedecerán a los cambios que se produzcan.

Responder a la pregunta ¿cómo conocemos? o ¿cuál es el modo de conocer científico? es parte de la gran tarea y razón de ser de la asignatura Metodología de la Investigación. El problema consiste en resolver ¿cómo captar las cosas?, ¿cómo conocer la realidad? cuya forma cambiante debe coincidir con las explicaciones que hagamos de ella.

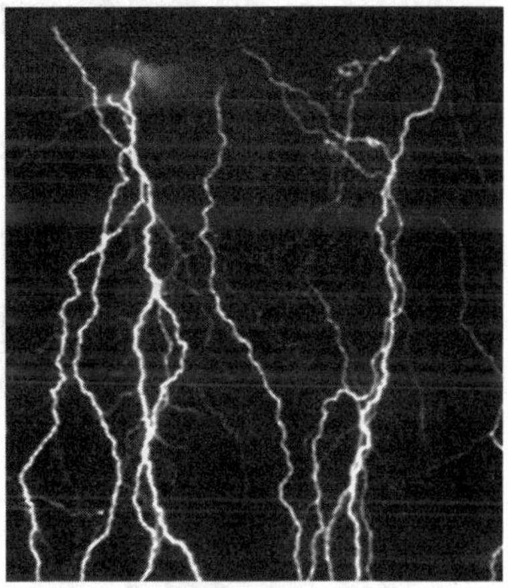

Desde siempre, la humanidad ha buscado entender y explicar lo que la rodea. Así, antiguamente, cuando los hombres se enfrentaban a un hecho o una realidad que no comprendían, recurrían a darle explicaciones sobrenaturales, por ejemplo, la acción de los dioses para provocar la erupción de un volcán, o la lluvia, o el trueno o los rayos, y la atribución a la magia o a la brujería para acontecimientos afortunados o desgracias. Para llegar a definir qué es la Ciencia, el hombre ha necesitado recorrer un largo camino a través de la historia, que le permitiera superar las explicaciones míticas de los hechos, aquellas basadas en poderes o seres sobrenaturales.

¿Conoces algunos otros ejemplos de este tipo de explicaciones?

Sin embargo, poco a poco estas respuestas sustentadas en creencias, mitos y leyendas se fueron haciendo insuficientes para dar cuenta de fenómenos e interrogantes sobre una realidad cada vez más compleja. De esta manera, basándose en sus experiencias, por ejemplo en la

observación de regularidades en la crecida de los ríos, en las estaciones y en la rotación de los planetas, los hombres comenzaron a exponer las primeras explicaciones o formulaciones precientíficas. Se trataba de buscar la explicación de las causas, se entendía que no bastaba con mirar los objetos para conocerlos, ya que se aprendió que lo que aparece no es sino el resultado de múltiples y distintas causas que concurren a producirlo.

El conocimiento científico como tal, y lo que conocemos como Ciencia moderna debe mucho a esos primeros hombres que buscaron entender su realidad. La Ciencia moderna ha tenido su mayor desarrollo en los últimos cinco siglos, con unos primeros exponentes de gran importancia como Francis Bacon (1561-1626), que fue uno de los creadores del método experimental, Galileo Galilei (1564-1642), que inventó el termómetro y construyó el primer telescopio, Isaac Newton (1642-1727), matemático, físico y astrónomo inglés que descubrió las leyes de la gravitación, de la descomposición de la luz y, al mismo tiempo que G.W. Leibniz (1646-1716), las bases del cálculo diferencial, y muchos otros que constituyen una amplia y variada lista de pensadores de distintas disciplinas, buscando siempre como principios la objetividad, la racionalidad, la sistematicidad y en las ciencias naturales y en las exactas, la reproducibilidad.

Analicemos ahora uno a uno estos principios:

1.3.1 La **objetividad** significa que el científico debe de estar en concordancia con el objeto. Se aplica a los hechos: el investigador no especula ni inventa de manera arbitraria los objetos. Para ello, se despoja de prejuicios, opiniones e ideas preconcebidas, ya que debe de ceñirse a los hechos con una validez independiente de sus gustos o intereses personales.

Así por ejemplo, la fuerza del movimiento de gravitación de los planetas no depende de los deseos del hombre, por lo tanto él debe investigarla tal y como es. Sin embargo, ser objetivo en el estudio de otro tipo de fenómenos (sociales, políticos) es mucho más difícil, suele ser un requisito nada fácil de cumplir. No obstante esto, el investigador debe procurar, con su actitud y su imparcialidad, de separar sus intereses, estados de ánimo o gustos personales en el acto mismo de hacer Ciencia.

1.3.2 La **racionalidad** es otra característica del pensamiento científico. Es el tipo de conocimiento propio de la Ciencia. La racionalidad no sólo es la facultad que distingue al hombre de los animales, sino también, la capacidad de entender, por medio de las explicaciones, el fundamento de algo. Aquí conviene anotar que la racionalidad no es una facultad innata del ser humano sino que se ha ido forjando a través de muchos siglos de aprendizaje.

La razón comporta una serie de mecanismos, procedimientos, procesos que argumentan las causas o maneras de ser de los fenómenos. Razonar es la posibilidad de asociar unas ideas con otras, a fin de formar conceptos, leyes o explicaciones que generen nuevos descubrimientos de una manera ordenada. El conocimiento racional debe ser cierto o probable. Recuerda que la Ciencia es un producto humano, y como tal, no posee la certeza o exactitud total. Se plantean verdades aproximadas que están sujetas a constante corrección, ya que todo conocimiento debe ser sometido a comprobación y cuando nuestros resultados y nuevos datos y experiencias hagan necesaria una modificación, éstos se deben rectificar. Reflexiona: "No se trata de demostrar la verdad absoluta de una proposición, sino de demostrar que no es falsa".

1.3.3 La **sistematicidad** del pensamiento científico consiste en una serie de elementos ordenados, es decir, que tienen significado en la medida en que guardan relación unos con otros. Se trata de un saber ordenado lógicamente, como construyendo un armazón cuyas partes se vinculan entre sí.

Así por ejemplo, cuando alguien se refiere al "sistema nervioso" de un animal, o del "sistema eléctrico" de un automóvil, se involucra al conjunto de las partes que los componen y a la actividad o función que desempeñan o realizan, de modo que si se altera cualquiera de las partes que los constituyen, se cambia también, su funcionalidad.

1.3.4 La **reproducibilidad** del saber científico se refiere a la absoluta necesidad de repetir el resultado de una investigación en otro lugar y otro momento bajo las mismas condiciones experimentales. Como podrás imaginar, esta característica sólo aplica a las Ciencias exactas (matemáticas, física) y naturales (biología, química). Cuando uno de estos científicos reporta sus descubrimientos, lo debe de hacer de modo que cualquier colega pueda repetir el experimento y obtener los mismos resultados, ya que de esta manera se podrá comprobar que el descubrimiento es real y no un hecho casual. Es como una receta de cocina: si te explican claramente los ingredientes y los pasos para elaborar un platillo y tú los sigues al pie de la letra, obtendrás una comida con el mismo sabor y apariencia que el de la receta original.

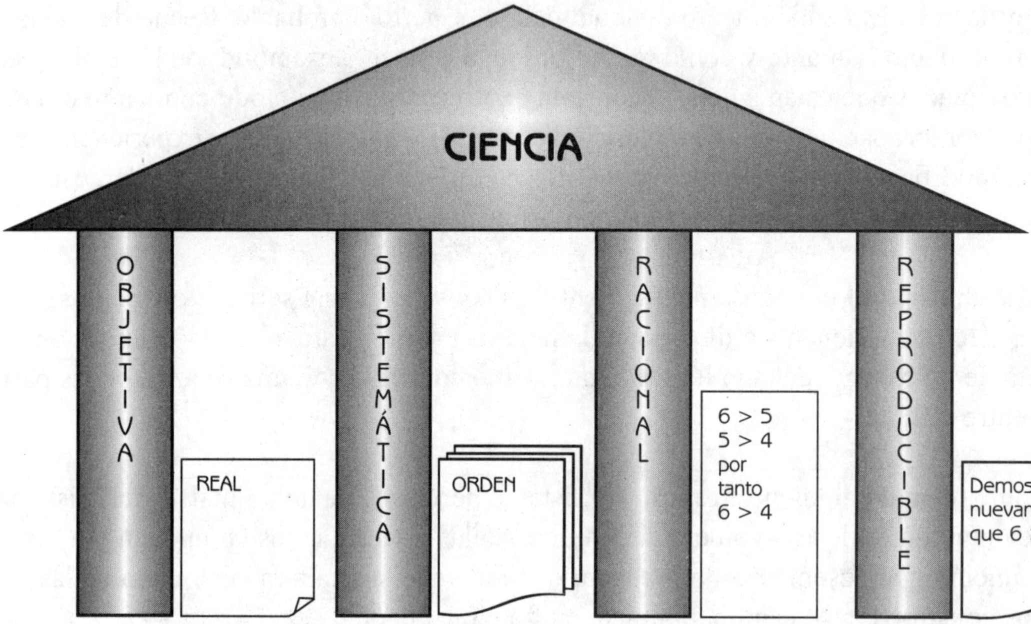

Esquema No. 5.
Los pilares de la Ciencia.

El conocimiento se genera a partir de los hechos. El científico los observa y regresa a ellos a fin de verificar sus afirmaciones. Esta idea consiste en señalar que no sólo se reciben de manera pasiva las apariencias. Si así fuese, el hombre se hubiera conformado con el simple hecho de que la Tierra es plana o que el Sol gira en torno a ella, tal y como lo observa. Se trascienden esas apariencias, se va más allá de la pura contemplación, el camino consiste en ejercitar combinaciones de aspectos y situaciones para llegar a explicar. Podríamos decir que para conocer de manera correcta un objeto es necesario desarmarlo y armarlo, con la intención de comprenderlo con mayor profundidad, esta composición y recomposición de los objetos implica suponer que existe relación entre sus partes, con ciertas posiciones y como integrantes de un

todo. De esta manera podemos obtener una idea más clara y precisa de cada una de las partes, evitando así vaguedad o confusión. De tal forma que la Ciencia logra construir un lenguaje propio, con símbolos y significados que son comunicables, es decir, capaces de ser transmitidos, que informan, ofrecen datos y reflexiones. Con esta información, cualquier científico podrá someter a prueba los resultados de la Ciencia y hasta encontrará en ellos sus consecuencias y utilidad.

Como podrás ver, la Ciencia es importantísima para poder entender y cuidar a la naturaleza, no para dominarla sino para hacer un uso racional de ella, ya que es la que sostiene la vida, y por lo tanto, a nosotros dentro de ella. También la Ciencia es imprescindible para organizarse en sociedad, es clave para el desarrollo de la inteligencia de los seres humanos, en tanto que enriquece nuestra cultura y libera nuestras mentes.

El desarrollo del pensamiento científico no debe confundirse con la simple acumulación de datos en el tiempo, tampoco debe creerse que unos conocimientos, por ejemplo los más recientes a nosotros, absorben a otros más antiguos, ¡no!. El desarrollo se genera en la medida en que existen procesos de ruptura o cambio, esto es, cuando un cuerpo de conocimientos se vuelve insuficiente para explicar una nueva realidad (natural o social), o también cuando se profundiza en conocimientos sometidos a prueba y sobre ellos hacemos nuevas inferencias que tendrán que probarse continuamente. El primer tipo de desarrollo se parece más bien a lo que denominamos revoluciones, son momentos excepcionales que reflejan un crecimiento, en determinadas épocas de la historia, de manera asimétrica, discontinua, no acumulativa y que pretende resolver problemas de diversa índole, pero que además, continuamente se están autocorrigiendo.

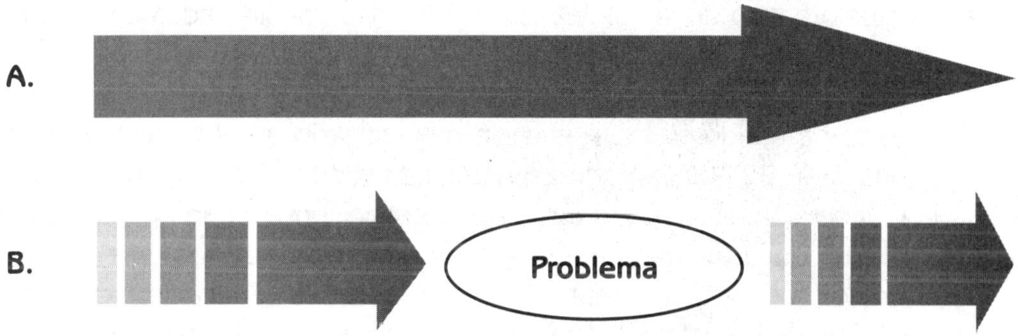

Esquema No. 6. A.
El conocimiento no evoluciona de manera lineal o acumulativa, sobre todo en los hechos sociales, sino por B. rupturas o situaciones problema. Es importante recordar que gracias a las ideas de quienes nos antecedieron hoy conocemos más.

Sería interesante que buscaras, con ayuda de tu profesor (a) y/o compañeros, ejemplos con respecto a lo que aquí señalamos.

Cuadro resumen

El sujeto y el objeto: El punto de partida de la Ciencia se encuentra en la voluntad del hombre de servirse de la razón para comprender y controlar la naturaleza. La primera pregunta que se plantea es ¿Cómo encuentra el sujeto al objeto y lo conoce? Las respuestas brindadas a esta interrogante forman parte de la historia de la Ciencia. Independientemente de cualquiera que sea la respuesta dada por un pensador en una época determinada, se puede afirmar que se llega al conocimiento por el pensamiento, porque, efectivamente, el razonamiento es la base del conocimiento (no se quiere decir que el pensamiento crea a la realidad o al sujeto) ya que establece una cierta relación entre sujeto y objeto. Dicha relación obedece tanto a: 1) las operaciones mentales o intelectuales del sujeto, como 2) al contenido particular, objetivo, histórico, político y social de la vinculación o intermediación que se hace con el objeto, y 3) al contenido experimental, material y contingente del objeto. El proceso marcado por los tres incisos significa que el conocimiento no puede estar separado del concepto, las formas y el contenido. Estudiar cada aspecto, los supuestos que lo determinan, su relación en conjunto, las reglas de análisis etc., es la práctica de la metodología. La metodología es una rama de la epistemología. Por epistemología se entiende aquella actividad o teoría del conocimiento que trata de los problemas de la relación entre sujeto y objeto, y que se consagra al estudio crítico de la validez de las Ciencias consideradas como realidades que se observan, describen y analizan.

La palabra Ciencia no ha tenido siempre el mismo significado que hoy le atribuimos; a través de la historia se le ha considerado de diversos modos. Por ejemplo, Aristóteles pensaba que la Ciencia concierne a lo eterno y necesario; en la Edad Media Ciencia se refería al conocimiento que surgía del estudio de la presencia de Dios en el mundo; otras veces se identificó sólo con las matemáticas, o con las letras (educación, cultura de los libros) y en otras con el uso exclusivo de la razón sin más. A partir del siglo XVIII la esfera científica se asoció con la experimentación y con los descubrimientos, era el tiempo de la primera gran revolución industrial. Apareció una gama de teorías que en los siguientes dos siglos llevarían a una polémica por tratar de interpretar, cada una a su modo, lo que la Ciencia significaba verdaderamente.

Ejemplo de ellos son: el positivismo de Augusto Comte (1798-1857), quien sostenía que había que considerar a todos los fenómenos sometidos a leyes naturales invariables; El evolucionismo y la adaptación de las especies, asunto de estudio de Carlos Darwin (1809-1882).; el concepto de causa y realismo y la mecánica cuántica de Max Planck (1858-1947); la teoría de la relatividad de Alberto Einstein (1879-1955). Desde diferentes ángulos, disciplinas y propósitos todos ellos contribuyeron a formar nuestro concepto actual de Ciencia, conocimiento racional, cierto o falso, obtenido de manera metódica, verificado con la realidad, organizado sistemáticamente y susceptible de ser transmitido.

Ejercicios y actividades

1. Describe con tus propias palabras en qué consiste el pensamiento o saber cotidiano.

____

____

2. Escribe una breve definición del pensamiento científico y ofrece ejemplos del mismo.

____

____

3. Comenta cinco objetivos de la Asignatura de Metodología de la Investigación.

____

____

4. Selecciona una revista científica y describe cómo está escrita.

____

____

5. ¿En qué se parece una investigación policiaca a una investigación científica?

____

____

unidad 1

6. Consulta la biografía de alguno de los siguientes personajes: Carlos Darwin, Alberto Einstein o María Curie. ¿Cuáles fueron las aportaciones científicas más importantes del científico que seleccionaste?

____

____

____

7. Investiga los siguientes términos: fáctico, trascendental, análisis, símbolo, explicar, dogmático, contingente, intermediación y conciencia.

unidad 2 dos

El Método Científico

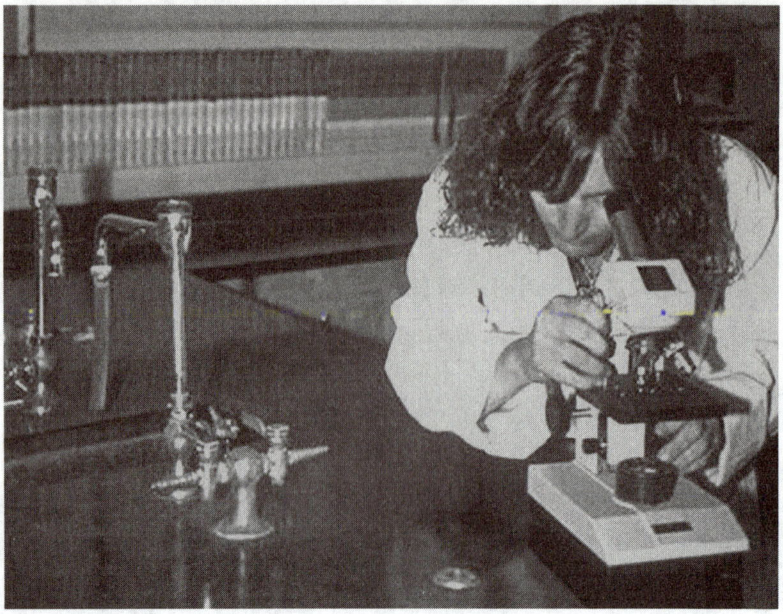

Objetivo

Distinguirás la diferencia entre Método, Metodología y Técnicas, asimismo, identificarás los principales requerimientos que constituyen al Método Científico, sus operaciones mentales, su desarrollo y funcionalidad.

Objetivos específicos

Al terminar esta unidad serás capaz de:

- Definir qué es el Método Científico
- Distinguir entre método, metodología y técnica
- Describir brevemente las características de una investigación científica
- Explicar las principales operaciones para el abordaje de la realidad

Temas

2.1 La Metodología.

2.2 Características del Método Científico: métodos y técnicas.

2.3 Fases fundamentales del Método Científico.
2.3.1 La situación problema.
2.3.2 Tentativas de explicación.
2.3.3 Consecuencias lógicas.
2.3.4 Selección de técnicas
2.3.5 Interpretación.

2.4 El abordaje científico de la realidad y procesos mentales.
2.4.1 Algunas preguntas básicas.
2.4.2 Representaciones mentales.
2.4.3 Operaciones de relación.

2.1
La Metodología

Esta Unidad se refiere a aspectos específicos relacionados con la Ciencia, a su forma de proceder, a sus mecanismos operativos; al desarrollo dc instrumentos para conocer la realidad, es decir, a resolver la pregunta: ¿cómo hacer el abordaje científico de los fenómenos? Se trata pues, de estudiar el modo de conocer. Y esta pregunta no es nada nueva. Desde la antigüedad, Sócrates (470-399 a.C.) un filósofo griego nacido en Atenas, Grecia hizo hincapié en la "mayéutica", que significa "dar a luz", y que se refiere a la forma de "sacar" el conocimiento que según él todos llevamos dentro, a través de hacer preguntas. Posteriormente, René Descartes (1596-1650), filósofo y matemático francés que creó la geometría analítica y propuso un método de razonamiento científico, planteó la cuestión de cuál era el camino para llegar a un conocimiento efectivo y las vías de acceso a la realidad. Así, lo que ha estado presente en prácticamente todos los autores desde la época del Renacimiento, ha sido la preocupación por encontrar una forma, un método, un camino en el que de manera clara y sistemática se puedan investigar los hechos. Buscando uno, los científicos se encontraron con muchos (empírico, hipotético, deductivo, etcétera). Esto llevó a que se produjeran discrepancias sobre el o los métodos. ¿Cuál es el correcto? Si sólo hay uno verdadero y todos los demás son falsos ¿cómo saberlo? ¿con qué criterio definir esta discrepancia o falta de acuerdo?

Decíamos que se buscaba un camino, un método para investigar y dar cuenta de la realidad, pero esto sólo sería válido si la realidad fuera única. Aquí nos encontramos con otro problema: La realidad es variada y factible o posible de ser observada desde múltiples puntos de vista. Además, a medida que se incrementa el conocimiento aparecen nuevos campos del saber que dan cuenta de una parte del todo. Por lo tanto, las primeras formulaciones sobre el método que intentaban dar cuenta del todo tuvieron que ir delimitando su espacio a cuestiones específicas; por ejemplo, la Historia y las Matemáticas son una creación del hombre, sin embargo no se pueden (aún cuando se ha intentado) estudiar con los mismos procedimientos; la forma para aprender Física no sirve para aprender Filosofía, y el método a través del cual conocemos sobre la Biología no lo podemos utilizar para aprender Computación o Mecánica. A pesar de esto, todos y cada uno de los métodos y sus autores tienen o han tenido la pretensión de ser universales, es decir, de responder a todas las preguntas que los seres humanos nos hacemos sobre la realidad. ¿Cómo resolver este problema? Te proponemos aquí que tu criterio de verdad sea la contrastación y examen permanente de lo que aprendes de manera teórica con la realidad práctica. Esto te ayudará a distinguir si un método es bueno o no.

La metodología está determinada por la vinculación que tiene con los datos sociales, los temas de investigación, con los tópicos, los conceptos y los problemas que comparten los investigadores de una determinada comunidad científica. Es importante que entiendas que no existe ningún conocimiento, por técnico o por muy abstracto que sea su tratamiento, que no esté en un contexto social. El que conoce es siempre el ser humano y esto remite a todo conocimiento a una valoración social.

El estudio concerniente al método, el análisis de la fundamentación de los métodos y de las estrategias para investigar, son parte del territorio de la Metodología de la Investigación. De modo que la metodología se convertirá en una especie de "disciplina del método", un criterio de reflexión sobre lo que deben cumplir los métodos. Analiza cada método de acuerdo al tipo de realidad que se investiga (social o natural). Estudia las maneras de producir el conocimiento, de comprobar e interpretar datos, además de la relación entre la realidad u objeto que se quiere conocer y el sujeto que conoce. Pone atención también, al camino que se sigue, a la estructura, es decir, al orden interno del objeto estudiado para llegar a conocer de una forma particular.

2.2
Características del Método Científico: métodos y técnicas

Etimológicamente la palabra método se deriva del griego meta (hacia, a lo largo) que da idea de acción o movimiento y de la raíz odos, que indica camino. En buen español, método quiere decir un camino hacia algo, orientarse a conseguir o realizar una acción específica, vía, búsqueda, para alcanzar un fin o propósito.

Reflexiona: El método es el camino a seguir, mediante una serie de operaciones, reglas y procedimientos fijados de antemano (previamente) de manera voluntaria y reflexiva, para llegar a alcanzar un determinado fin que puede ser material o conceptual. Te habrás preguntado para qué quieres saber esto, o si te va a ayudar en tus estudios o en tu vida. Recuerda que todo estudio tiene como fin tu vida,

¡prepárate para la vida, no sólo para el trabajo!

Fíjate, te señalamos que el método es un camino a seguir para alcanzar un determinado fin material o conceptual. Es posible que tú estés pensando "pero si yo no voy a ser un científico ¿de qué me sirve todo esto?". El pensar, prepararse, formarse, no es una tarea exclusiva de los científicos, sino que nos corresponde a todos los seres humanos. Veamos algunas actividades específicas de tu campo de estudio. Si es la Mecánica, acaso sacas y cambias piezas sin preguntarte ¿por qué, cómo y para qué lo voy a hacer?. O si tu actividad tiene que ver con la preparación de alimentos, ¿podrás hacerlo si previamente no has conseguido los ingredientes, la forma de cocinarlos y en dónde los vas a preparar? Te pondremos otro ejemplo sencillo y válido para todos: Necesitas trasladarte desde tu casa a un lugar "X", supongamos al Zócalo de la Ciudad de México, o al centro de la ciudad donde tu vives o al pueblo más cercano. ¿Qué hacer? Para poder llegar, tienes que establecer un plan, una forma que te permita alcanzar tu objetivo. Tienes que analizar qué medio de transporte vas a utilizar: transporte colectivo, automóvil, bicicleta, caballo, burro o caminarás. El que escojas dependerá de la distancia y de las características del terreno, tu condición económica determinará si utilizarás el medio más barato o el más rápido, el más corto o el más seguro, para llegar a donde te has propuesto.

Como puedes ver, para cualquier cosa que nos propongamos hacer, requerimos pensar de manera anticipada nuestras acciones antes de proceder. He aquí un trabajo intelectual en función de un fin que no podremos conseguir si no hacemos previamente un viaje imaginario, pensado. ¿Podríamos llegar por casualidad a donde queríamos ir sin trazarnos un plan? Quizá sea posible, pero será sin duda mucho más difícil, más complicado y hasta podríamos perdernos y llegar a un lugar indeseable; el método nos orienta en un laberinto donde existen muchos caminos y medios que no sabemos a dónde llevan.

Sí analizas bien, hemos hecho referencia a un conjunto de actividades intelectuales que establecen los procedimientos lógicos, las formas y reglas de razonar. El método señala la utilización de los medios para conocer la realidad, es una guía o modo de aproximación para el estudio de los hechos y nunca se le debe considerar como algo único, total y definitivo. Es el procedimiento planeado o estrategia que se sigue para descubrir o determinar las propiedades del objeto que estudiamos, en suma, es el instrumento de la actividad científica del cual nos servimos para conseguir el conocimiento de un objeto de manera ordenada tanto en sus relaciones y cualidades, como en su desarrollo y transformación.

Es necesario prestar atención a esto: el método se constituye, en realidad, como un producto de la experiencia acumulada y comprobada por la humanidad, es decir, tiene una historia, responde a la reflexión de muchos estudiosos de épocas y disciplinas diversas. Su formulación es producto de los problemas que han exigido una solución y para los cuales se ha formulado una estrategia, un conjunto de procedimientos que se perfeccionan poco a poco y de acuerdo a estrictas reglas científicas.

¿Recuerdas lo que señalamos en la Unidad anterior sobre la objetividad, la racionalidad, la sistematicidad y la reproducibilidad?

El método que se escoja depende del objeto a estudiar y del objetivo que se quiere alcanzar; esto está determinado por las condiciones sociales del investigador, los medios materiales y recursos que posee y los estudios o cuerpo de conocimientos que tiene. Pero todos sus pasos cumplirán con los requisitos básicos que exige el saber científico.

Haciendo una analogía, entre más preciso sea el método utilizado para trazar un mapa, de mejor manera llegaremos a nuestro destino si lo seguimos.

De acuerdo a lo anterior, el método es una serie de actividades que se despliegan en el proceso de la investigación científica, que engloba al ciclo total de la investigación a fin de adquirir y elaborar nuevos conocimientos. Antes de señalar las características del Método Científico es necesario que sepas diferenciarlo de las técnicas de investigación. Las técnicas de investigación, por ejemplo, los diferentes modos de recopilar datos, la elaboración y realización de encuestas o entrevistas, la observación, son técnicas que hacen operativos a los métodos, son una respuesta al cómo hacer para alcanzar un fin o resultado. Se encuentran al nivel de los hechos de cada una de las etapas del método, son auxiliares y permiten la aplicación, son concretas y adaptadas al objeto que se estudia. Las técnicas están incluidas en el método, y por lo mismo, un método comporta el uso de varias técnicas. En Unidades posteriores y en la asignatura de Seminario de Investigación se estudiarán algunas técnicas.

Continuando con la analogía del mapa (como método), dependiendo de las condiciones se utilizarán distintas técnicas: si una parte del recorrido es una llanura, cabalgaremos, en caso de encontrar una carretera, lo mejor sería un automóvil y si el terreno se presenta escarpado o montañoso, seguramente conviene escalar.

Como puedes observar las técnicas se justifican por su utilidad, hacen eficientes nuestros esfuerzos, son normas de carácter práctico que auxilian en la elección de problemas que se van a investigar, nos permiten reunir información y hasta ordenar la redacción de nuestros resultados (por ejemplo las encuestas para reunir (acopio) testimonios, las técnicas de investigación bibliográfica, las de experimentación, etcétera).

Ha quedado claro que el método es el rasgo por excelencia de la Ciencia, pero sabemos que no es infalible ni autosuficiente, puede perfeccionarse y no debe operar en un vacío de conocimientos, sino que requiere de conocimientos precisos, de experiencias que se reelaboran y ajustan y se complementan por medio de técnicas especiales que se adaptan a cada tema. De acuerdo a lo escrito en estas líneas, el método debe tener una base fáctica, es decir, los hechos son su fuente de información, lo que no quiere decir que sólo depende de ellos. El método va más allá de los datos empíricos, ya que la interpretación de los datos se hace desde un marco de referencia teórico que se apoya, a su vez, en supuestos de la Ciencia y las ideas generales de una determinada sociedad. De manera análoga a cuando definimos a la Ciencia, el método trasciende los hechos: se trata de conocer, comprender y explicarlos y no sólo describirlos. Se vale de reglas formalizadas, esto es, de operacionalizaciones y procedimientos que se señalan previamente, pero éstos no se deben convertir en normas obligatorias, ya que como tú, los científicos deben de emplear en su trabajo talento, capacidad e imaginación; audacia al hacer conjeturas (elaborar juicios probables sobre una cosa, pero con bases e indicios) y disposición para la verificación, la confrontación con la realidad, o la contrastación de las conjeturas (someter a prueba la veracidad de tus hallazgos). De esta forma, te podrás dar cuenta de que el método y su aplicación es la diferencia fundamental entre Ciencia y no ciencia y de que el propio método tiene un desarrollo autocorrectivo y progresivo, ya que se va corrigiendo y ajustando en la medida en que aparecen o se descubren errores u omisiones y que estas se superan, además, no considera sus conclusiones como finales, porque está abierto a la crítica y a nuevos aportes y procedimientos.

Hemos dicho que el Método Científico es el procedimiento que asegura que una investigación sea científica, ya que establece los supuestos desde los cuales se puede realizar el estudio de los fenómenos. El método se encuentra en todo el ciclo de la investigación y es la estrategia que comparten las disciplinas en general para determinar sus conocimientos, pero sabiendo que en cada una de esas disciplinas se utiliza una forma particular de aplicarlo.
Por ejemplo, algunas técnicas para analizar documentos en Historia son específicas y no pueden trasladarse para explicar el campo de la Física o la Biología, aunque todas las disciplinas tienen diferentes técnicas específicas, comparten la estrategia general de la Ciencia y su método.

2.3
Fases fundamentales del Método Científico

Probablemente esta es tu primera aproximación a conocer la forma en que se realiza una investigación. Queremos que te quede muy claro que el seguir una serie de pasos que conforman al Método Científico no es como aplicar una receta de cocina, que debes cumplirla a la letra si quieres obtener un platillo que otros han elaborado antes que tú. El seguir un esquema para elaborar una investigación novedosa, que nadie ha desarrollado antes, requiere que vayas adaptando y definiendo, de acuerdo a un esquema general cómo se realiza una investigación, cada uno de los pasos que en tu caso particular debes incorporar. Lo que te presentamos aquí es sólo es un esquema inicial, el cual irás descubriendo a lo largo de este libro, que se complementará en la asignatura de Seminario de Investigación (en donde te ilustraremos esto con ejemplos concretos).

Las principales operaciones o pasos del camino de una investigación científica consisten en:

2.3.1 La situación problema. Elaborar preguntas o problemas bien formulados y verosímiles; plantearse situaciones problemáticas y tratar de descomponerlas en sus partes de una manera correcta, de manera específica, determinada y sin ambigüedades.

Esto es, no debes hacer preguntas tan generales que involucren un inmenso campo de conocimientos, debes acortarlas, limitarlas a tus posibilidades. Mario Bunge (1983) nos ofrece un buen ejemplo de esto:

Si tu objeto de estudio fuera analizar cómo se aprende a resolver un problema, no te puedes preguntar de forma muy general: ¿qué es el aprendizaje?, porque no podrás dar una respuesta completa, ya que es una pregunta tan general que involucra conocimientos de Bioquímica, Historia, Biofísica, Filosofía, Electrofisiología, etcétera. En cambio, si planteas una pregunta delimitada, concisa, al alcance de tus posibilidades, por ejemplo:

> ¿Cómo aprenden los ratones albinos a solucionar problemas de laberintos, de manera gradual o por pequeños saltos?

Es una pregunta a la que, si utilizas las técnicas adecuadas, será relativamente sencillo encontrar una respuesta, y a partir de ahí ir aumentando tus preguntas y generalizaciones, sin la intención de llegar a responder qué es el aprendizaje, pero sí con la intención de aportar algún conocimiento científico sobre cómo los animales construyen una parte del aprendizaje.

2.3.2 Tentativas de explicación. Proponer una tentativa de explicación verosímil y susceptible de verificación, es decir, ofrecer conjeturas o afirmaciones (después les denominaremos hipótesis) que se refieren a una posible explicación de las causas o relaciones que provocan "X" fenómeno.

> ¡Recuerda que se pregunta aquél que sabe algo sobre los hechos que estudia y por consiguiente puede elaborar o tener alguna idea acerca del origen de los mismos!

Quien no se informa no puede leer, es decir, entender, más allá de las apariencias.

2.3.3 Consecuencias lógicas. El siguiente paso consiste en derivar consecuencias lógicas de las conjeturas, es decir, deducir suposiciones de las afirmaciones.

Por ejemplo (y sólo considéralo como una simple ilustración o problema de investigación supuesto): ¿Se podría decir que los factores familiares predisponen a los adolescentes a iniciarse en el mundo de la drogadicción? Proponiendo una posible tentativa de explicación: "Los hijos de padres a punto de divorciarse tienden a introducirse más precozmente en el uso de las drogas, ya que las ven como una salida a los problemas que los aquejan en su hogar; puesto que no hay armonía familiar sienten inseguridad en su futuro, en su desarrollo psicológico y exageran los sentimientos de amor, odio, etcétera, y por lo tanto buscan un sustituto o estado de ánimo pasajero que les permita evadir dicha situación".

> ¿Qué te parece si tú intentas ahora dar otra explicación posible de las causas por las que un adolescente puede caer en el consumo de drogas? ¿Verdad que hay muchas otras posibilidades?

2.3.4 Selección de técnicas. Hasta aquí has venido formulándote el problema y sus posibles explicaciones. Ahora abordaremos un punto del cual dependerá en mucho el éxito de tu investigación: se trata de seleccionar las técnicas o instrumentos metodológicos para efectuar la exploración específica del fenómeno, recoger los datos, estudiar el campo particular, seleccionar algunas muestras. Pero al mismo tiempo, debes de ser muy cuidadoso en la táctica o conjunto de técnicas escogidas, éstas deben ser sometidas a prueba, producto de experiencias afines y procurando utilizar las más adecuadas para cada caso.

2.3.5 Interpretación. Si seleccionaste las técnicas adecuadas, llegó el momento de obtener los datos, analizarlos e interpretarlos en el conjunto general de la investigación. No debes declarar nada válido hasta no confirmar o decir que se refiere sólo a un sector o dominio de cierta disciplina. Debes preguntarte por qué la respuesta es como es, y no de otra manera, asimismo, tratar de hacer inferencias a partir de lo observado o experimentado. Resumiendo: no se trata de indicar una estrategia única y absoluta de la investigación, sino de aproximarte al proceder científico. Por ahora, bastan estas orientaciones.

Hemos llegado a la conclusión de que el Método Científico es una forma de tratar problemas, una estrategia y, además, que el método se ajusta a la naturaleza específica de los objetos que se estudian. Aquí vamos a hacer derivar una primera desigualdad de las disciplinas científicas: a) las ciencias formales, y b) las ciencias fácticas. Las primeras no se refieren a nada que se encuentre en la naturaleza. Las ciencias formales estudian ideas, y son las Matemáticas y la Lógica; se parecen a las fórmulas analíticas, utilizan la demostración racional, se confirman de acuerdo con los procesos de organización de las ideas. Por ejemplo, el principio de la numeración, que se considera como infinita, lo cual es imposible demostrar en los hechos, pero se ha llegado a esta aseveración en virtud de un análisis racional. Como afirmó Alberto Einstein, "los números son infinitos, pero contables".

El segundo tipo de disciplinas es el referido a las Ciencias fácticas, es decir a aquellas en las que se estudian hechos naturales o sociales. En éstas sí utilizamos nuestros contactos con la realidad para verificar las afirmaciones. Las ciencias factuales se dividen en: i) ciencias naturales, y ii) ciencias sociales. Dentro de las primeras se encuentran la Física, la Química, la Biología y otras; en las segundas, que se pueden llamar también culturales, están la Sociología, la Economía, la Historia, etc. Las ciencias fácticas tratan con objetos reales, se aplican para la obtención de datos a fin de establecer estructuras para una reconstrucción de los acontecimientos de ciertos sectores, o dominios, de la realidad, aspiran a dar lugar a leyes y reunirlas en explicaciones conceptuales llamadas teorías.

- Ciencias
  - Formales
    - (Lógica y Matemáticas)
  - Fácticas
    - Ciencias naturales (Biología, Física y otras
    - Ciencias sociales (Historia, Economía y otras

2.4 El abordaje científico de la realidad y los procesos mentales

Si partimos de la idea de que toda actividad del conocimiento científico debe servir para entender y transformar a la realidad, entonces es necesario conocer, en primer término, cuáles son las principales operaciones mentales que utilizamos para desarrollar los aspectos que nos ayudan a aprender a pensar. Por lo tanto, cuando estemos frente a los objetos debemos manifestar duda o asombro haciéndonos algunas de las siguientes preguntas:

2.4.1 Algunas preguntas básicas.

a) ¿De qué se trata? ¿qué es? ¿qué significa?, a fin de asumir la complejidad que tiene la realidad. Consiste en "meterse" con los hechos, identificándolos y situarlos en el tiempo y el espacio.

b) ¿Cuáles son sus aspectos y componentes? Procura desglosar la problemática y señalar los principales contenidos, aislando e identificando aquellos que no se conocen.

c) ¿Cómo estudiarlo? Aquí se requiere de aplicar los métodos y técnicas para recopilar la información relativa al problema.

d) ¿En qué consiste? Analiza la información de los hechos, a fin de encontrar las causas, derivar leyes, determinar sus consecuencias y deducir teorías.

e) ¿Realmente es así? Se trata de evaluar la verificación y aplicación de los resultados obtenidos,

¿Qué otras preguntas podrías agregar?

2.4.2. Representaciones mentales.

a) Enumerar, enunciar e inventariar los hechos, datos o información.

b) Diseñar un plan de acción.

c) Describir qué es lo que caracteriza a ese objeto,

d) Comparar semejanzas con otros hechos e identificar y destacar sus diferencias.

e) Clasificar y ordenar de acuerdo a sistemas de referencia. Explicar su significado, clasificando por medio de agrupaciones de acuerdo a similitudes, cualidades o propiedades en común. Con esto obtendremos definiciones claras y más exactas de las características de los objetos.

2.4.3 Operaciones de relación.

a) Relacionar causas y consecuencias.

b) Buscar leyes y teorías para explicar.

2.4.4 El porqué de la investigación.

a) Explicar los valores y principios que guían la investigación.

b) Establecer los objetivos, metas y medios.

c) Tener un control y una evaluación de nuestro plan.

d) Obtener un producto de nuestra investigación.

Resumiendo: se plantean algunas preguntas consideradas como clave (4.1), se efectúan operaciones de representación (4.2), se establecen relaciones (4.3) y se especifican los motivos de por qué hacerlo (4.4). Comprenderás que el estudio de estas operaciones implica esfuerzo de lectura y ordenación, que poco a poco, se desglosarán en este libro.

Cuadro resumen

Al igual que la Ciencia, la noción de Método se ha ido construyendo a lo largo de varios siglos y muchos autores han intervenido para esclarecerla. Hoy consideramos al concepto de Método como el medio que nos ayuda a comprender al proceso mismo de la investigación científica. Hemos definido a la Ciencia como un conjunto sistemático de conocimientos con los cuales se establecen leyes y principios que el hombre utiliza para explicar, describir y transformar al mundo que lo rodea. Para ello, se ha recurrido a una serie de propuestas de procedimientos y técnicas, producto de la experiencia y basado en la lógica del razonamiento que le permitan realizar su labor. El Método se convierte en el medio por excelencia para alcanzar el objetivo, con él se obtiene el conocimiento científico y se trata de explicar, describir y hasta cierto punto, predecir los fenómenos. En un sentido filosófico, el Método está constituido por el conjunto de operaciones intelectuales por las que una disciplina trata de alcanzar las verdades que persigue, las demuestra y verifica. Es una forma de procedimiento lógico que hace accesible a la realidad. Específicamente, el Método es una actitud concreta en relación con el objeto y la manera particular de cómo organizar una investigación; es una forma de proceder, de conformar esquemas de explicación a diferentes profundidades. Al ser el Método un medio para aprehender al objeto (acto intelectual a través del cual se forma una representación mental), siempre tendrá una dosis de pensamiento filosófico, ya que dependerá de quién sea el investigador que lo aplique, el cómo lo hará; esto explicaría: a) el por qué para algunos científicos el Método que se utiliza es experimental, o racionalista, o cuantitativo, o didáctico, o comparativo, o clínico, o inductivo, etc.; b) que ciertos autores privilegian más a la observación y otros a la demostración formal; c) que para algunos sea importante recoger datos cuantificables y para otros comprender información cualitativa; y d) que un investigador reporte explicaciones que sean generales y otro que sean más específicas y que puedan, o no, emitir leyes.

El Método es la sucesión de pasos que se tienen que dar para descubrir nuevos conocimientos, mientras que la metodología es el conocimiento de esos pasos, es el estudio del Método, es la "Ciencia" del Método. En la explicación del Método se recurre a la Filosofía, a la definición de Ciencia y a los aspectos epistemológicos que aquí ya hemos estudiado; es una reflexión sobre los procedimientos metodológicos y las técnicas que se utilizan en la Ciencia para efectuar investigaciones. Por su parte, las técnicas están implícitas en cualquier investigación que se efectúe, son procedimientos operativos, son un medio para lograr un fin. Se sitúan al nivel de los hechos o etapas prácticas y se adaptan al tipo de problema y fenómeno en cuestión, son limitadas en número y uso y se relacionan de acuerdo al momento y proyecto concreto del investigador. El Método es ante todo una reflexión, una concepción intelectual que coordina un conjunto de operaciones, utiliza y organiza las técnicas que son específicas en función de una finalidad. Ellas, las técnicas, cambian de acuerdo a la disciplina, el científico o la naturaleza de la investigación; constituyen el conjunto de instrumentos, las herramientas prácticas, que estudiadas cuidadosamente ayudan a recolectar datos, clasificar información y presentar resultados.

De manera esquemática, algunos de los pasos que debe contener un Método, son:

Formular preguntas verosímiles.

Proponer tentativas de explicación sobre las causas del fenómeno.

Deducir sus consecuencias.

Seleccionar técnicas metodológicas para explorar el fenómeno.

Obtener datos, clasificar y analizar.

Interpretar los resultados a la luz de nuestra investigación en general.

Ejercicios y actividades

1. Escribe una definición de los siguientes conceptos:

a) Metodología. ____________________

____

____

b) Método ____________________

____

____

c) Técnica. ____________________

____

____

2. Discute en clase: ¿Cuáles son las reglas del Método Científico?. Escribe las principales conclusiones a las que se llegaron.

____

____

____

3. ¿Por qué se dice que el Método Científico tiene una historia?

____

____

____

4. ¿Qué significa trascender los hechos?

____

____

____

5. Busca en tus libros de texto escolares de años anteriores dos ejemplos de algunas investigaciones y coméntalas en clase.

6. Resume la biografía de algún investigador científico que haya efectuado aportaciones importantes a la Ciencia, haciendo un análisis de sus resultados y conclusiones principales.

____

____

____

____

____

____

7. Completa el siguiente cuadro:

Ciencias ______________________: Matemáticas y ______________

Ciencias Fácticas ____________: a) Sociales, como por ejemplo______________

____

b) ______________________, ____________________; Física, ______________,

_________________________, ______________________________, etc.

8. Considerando un objeto cualquiera, trata de aplicarle, cuando menos, dos incisos de cada una de las cuatro operaciones del pensar científico.

unidad 3 tres

El lenguaje de la Ciencia: la forma de expresar el conocimiento científico

Objetivo

Que conozcas la forma propia y peculiar de expresar el conocimiento científico, que comprendas el lenguaje que caracteriza a la Ciencia, sus diferencias, ordenación, relación y uso para explicar los fenómenos. Entenderás el significado y utilidad de las teorías, reglas, principios, supuestos, postulados, leyes y modelos de la Ciencia.

Objetivos específicos

Al terminar esta unidad serás capaz de:

- Comprender la importancia del lenguaje de la Ciencia para la comunicación humana.
- Explicar en qué consisten las teorías científicas.
- Describir los distintos tipos de hechos
- Comprender las bases de la clasificación científica
- Construir diversos modelos de explicación

Temas

3.1 El lenguaje científico

3.2 Las teorías.

3.3 Los hechos.

3.4 La clasificación.

3.5 Las leyes.

3.6 Los modelos.

3.1
El lenguaje científico

Hasta ahora hemos hablado de teorías, leyes, principios, etc., sin haber especificado del todo sus significados, ya que se trataba de que tú te familiarizaras con estos términos que en muchas ocasiones se utilizan sin saber bien a bien dónde y cuándo se deben usar. Ahora que ya lo sabes, es el momento de señalar lo que se entiende con cada término, que, al proporcionarle una definición, lo convertimos en concepto preciso y claro.

Las formas de expresión cumplen funciones distintas y su importancia es diversa, pero todas auxilian a la comunicación científica. Dejaremos para la próxima Unidad (cuatro) la continuación del Método, que son las formas de proceder; para que primero comprendas cómo es el lenguaje científico.

El conocimiento científico se expresa a través de un conjunto de conceptos interrelacionados de diversas maneras. Cada concepto es una unidad del pensamiento. No son datos simples de la experiencia, sino que hay que buscarlos mediante el análisis, encontrar su función en el proceso de conocimiento. Toda Ciencia construye de manera artificial su lenguaje; no es como el aprendizaje de un idioma (por ejemplo el español) que se aprende de manera natural ya que es el lenguaje ordinario, producto de la historia de los pueblos. Es a partir de las bases del lenguaje común que se construye el lenguaje científico, pero con reglas propias, signos y significados precisos. Es un lenguaje conceptual y sirve tanto para comunicar como para pensar, lo cual requiere que conozcamos su estructura, sus significados y su funcionalidad. Toda Ciencia exige la utilización de los conceptos al interior de un cuerpo de conocimientos básicos. Para que estos adquieran sentido, se deben agrupar sistemáticamente en expresiones y símbolos que transmitan ideas comprensibles.

Como puedes ver, el lenguaje conceptual nos permite expresar el trabajo metodológico realizado para distinguir las características, agruparlas (clasificarlas y ordenarlas), realizar la síntesis y el análisis tanto abstracto como empírico. Los conceptos constituyen la estructura formal, son como el armazón o la manera en que se organizan los sistemas científicos, son la materia prima que conforman las teorías. La Ciencia elabora su lenguaje y las ideas que produce tienen una función y forma que le permiten cumplir con una intención comunicativa, no sólo enumerando los detalles de un objeto o proceso, sino también distinguiendo los aspectos, separándolos y descubriendo sus relaciones.

3.2
Las teorías

Las teorías son un conjunto de proposiciones que tiene como fin la explicación de determinados fenómenos. En ellas se encuentran un cúmulo de conceptos, categorías y leyes relacionadas entre sí, que permiten interpretar a la realidad, y que nos sirven para conceptualizarla, es decir, para sistematizarla como resultado de la aplicación de un método. Las teorías ayudan también a orientar en el inicio de los problemas que se investigan.

Explicando: las teorías son el resultado de la generalización de los hechos, la síntesis de los conocimientos organizados, son la dimensión simbólica de las experiencias (la transformación de los hechos en ideas). Además, indican, proyectan e impulsan a buscar respuestas, guiándonos en el proceso de la investigación, para aumentar nuestros conocimientos, mejorar y corregir (retroalimetar) a la teoría misma. El papel que desempeña la teoría, en relación con la investigación lo estudiaremos más adelante (unidad cuatro).

Resumamos en estas líneas algunas ideas que aclaren qué es la teoría:

a) Sistematiza el conocimiento.

b) Explica los hechos.

c) Incrementa el conocimiento, derivando conclusiones.

d) Orienta la investigación.

e) Sugiere modos de pensar, en nuevas líneas de investigación.

Una consideración más: las teorías son redes conceptuales que representan sólo ciertos aspectos de los sistemas reales. Para que entiendas a qué nos referimos con una red conceptual, imagina que es como la red que utilizan los pescadores, que permite el paso del agua y de los peces pequeños pero atrapa a los ejemplares de mayor tamaño; de manera similar funciona una red conceptual: es una relación de ideas y de pensamientos que ayudan a nuestro intelecto a capturar la realidad, dejando escapar las trivialidades. Debes tener claro que las redes conceptuales nunca son un mero reflejo o retrato de la realidad y tampoco permanecen estáticas, dado que pueden construirse, destruirse y hasta olvidarse. En otro sentido, a las teorías no debemos asignarles una universalidad absoluta, siempre estarán sujetas a confirmación y como toda tarea humana, su valor depende tanto de los hechos, como del marco contextual (el tiempo y el espacio) en que se generan, usan y desechan.

En conclusión, una teoría explica, dice por qué, cómo y cuándo ocurre un fenómeno. La teoría es útil como conjunto de proposiciones, definiciones y conceptos relacionados entre sí que presentan un punto de vista sistemático de los fenómenos, es útil porque describe, explica y predice el hecho al que se refiere, además de organizar el conocimiento y orientar la investigación que se lleva cabo sobre el propio fenómeno.

3.3
Los hechos

Ya hemos enunciado algunos significados de los hechos. Ampliando esas ideas, los hechos son la materia prima de la Ciencia: "son a la Ciencia lo que los ladrillos a una casa. Cada uno de ellos sirve para construirla, pero no son la casa; cada ladrillo tiene importancia si está en donde indican los planos" (Ander-egg. 1983). Como puedes notar, su significado dependerá del marco de referencia, los hechos no son recogidos al azar, dependen de un sistema de principios ordenadores, es decir de las teorías.

Los hechos, como componentes del universo que llamamos realidad, pueden ser ideales (fórmulas, por ejemplo) u objetos reales (por ejemplo, un fenómeno como la erupción de un volcán). Es decir, una circunstancia que percibimos, un conjunto o una serie de sucesos. Los hechos son susceptibles de tratamiento científico, pero en sí no son científicos ni acientíficos. Por ejemplo: son como las enfermedades que, desde luego no son científicas,

¿?

¡pero sí se pueden someter a un estudio científico!

Tampoco puede decirse que los hechos son verdaderos o falsos, ya que lo falso o lo verdadero se encuentra en nuestras explicaciones, en las afirmaciones que hagamos. No se demuestran los hechos, sólo se demuestran las proposiciones o exposiciones que hacemos de ellos. La teoría "ilumina " a los hechos, descubre las leyes que rigen su comportamiento, encuentra sus causas y los interconecta con otros hechos que, para entenderlos, hay que ir más allá de los mismos, ya que "hablan" o se "presentan" como tales a "alguien" que los valora, los interroga y clasifica.

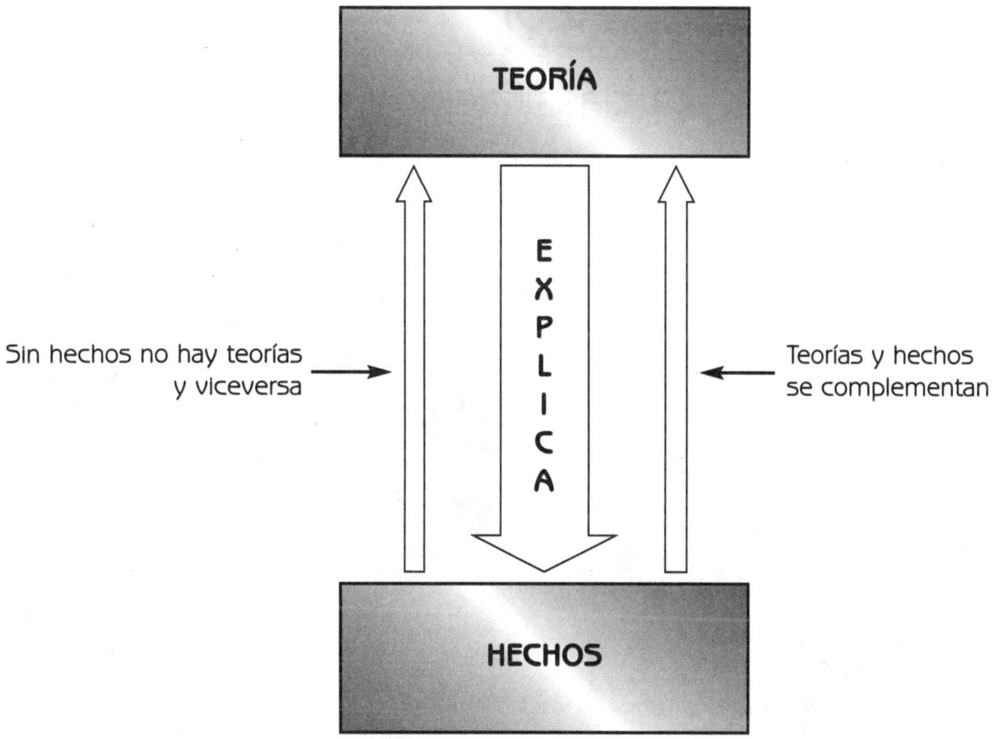

Esquema No. 7.
No existe una separación entre teoría (leyes, conceptos, etc.) y los hechos o fenómenos (de la realidad).

3.4
La clasificación

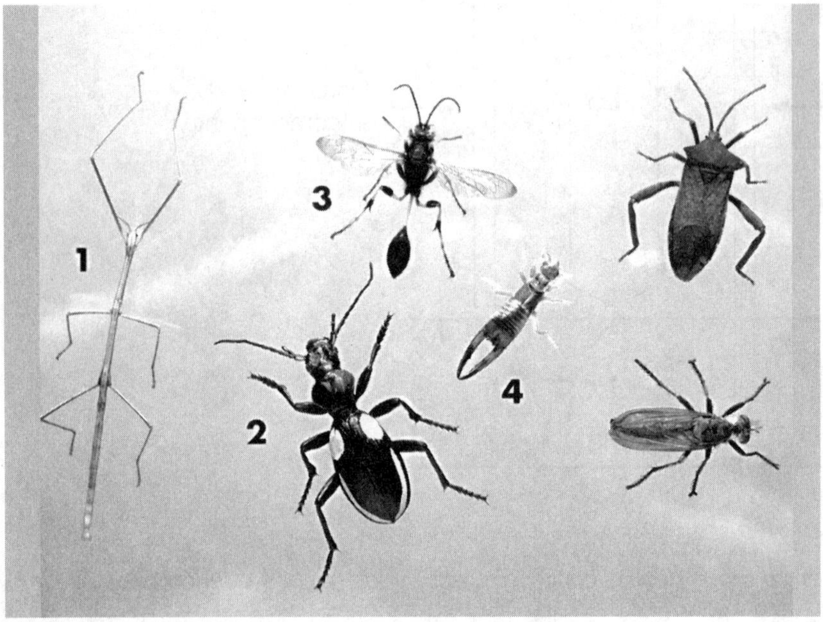

¿Cómo se realiza la clasificación? A través de un esfuerzo de ordenación, mediante el cual se agrupa de acuerdo a similitudes, características, cualidades o propiedades comunes; dividiendo, estableciendo jerarquías y relacionando niveles de causalidad (los hechos por sus orígenes); así, después de realizar una observación, es importante encontrar tendencias, regularidades, frecuencias, etc., a fin de formular conexiones entre sus propiedades para poder establecer generalizaciones, esto es, para extender a todos los casos los resultados de nuestras observaciones.

Interpretamos un hecho cuando lo explicamos, cuando averiguamos lo que significa en nuestra forma de clasificación. Los niveles de complejidad van desde los conceptos más simples, forman categorías, tipos constantes, hasta lograr llegar al establecimiento de leyes.

En la Ciencia encontramos algunas herramientas para clasificar, es decir, reglas que nos facilitan la labor clasificadora: nos dicen qué, cómo y para qué se ordena. En la forma de clasificar, partimos de ciertos supuestos que consideramos como verdaderos a priori, son el punto de inicio de la reflexión humana, es aquello con que cuenta el pensamiento, aunque no se tenga la evidencia inmediata; la Ciencia no los construye, sino que los "supone", los entiende como dados, son parte de la experiencia propia. Por ejemplo, los biólogos clasifican a los seres vivos en cinco grandes "reinos", agrupándolos en función de las características particulares de cada grupo, que los diferencian del siguiente: moneras (bacterias), protistas (algas, parásitos y otros organismos acuáticos), hongos, animales y plantas. A priori, sabemos que hay plantas muy

diferentes, árboles, arbustos, cactus, etc., y suponemos que tienen características biológicas muy distintas a los elementos clasificados en otro reino, como el de los animales. Sin embargo, y por sorprendente que te parezca, esta clasificación que comenzó a hacerse en el siglo XVI, continúa haciéndose y probablemente no sea concluida jamás, porque no sólo continúan descubriéndose nuevas especies, sino que algunas cambian de grupo de acuerdo a la técnica que se utiliza para clasificarla.

Es necesario que distingas que los supuestos no deben ser confundidos con los postulados, que son proposiciones cuya verdad se admite por evidencia de los mismos, es decir, no necesitan demostración, pero sirven para desarrollar razonamientos ulteriores: Por ejemplo, sabemos que la numeración es infinita, pero contable, aunque es imposible demostrarlo empíricamente, ya que en la práctica no acabaríamos nunca de contar.

3.5
Las leyes

Una ley es un postulado general mediante el que se establece una sucesión ordenada de fenómenos de carácter causal; supone que, si bajo ciertas condiciones se da una serie determinada de factores, ha de producirse necesariamente un fenómeno concreto, resultado lógico de los mismos.

En las leyes científicas se expresan enunciados que afirman algo, ya sea una conexión esencial, o una conjunción de constantes; son propuestas formuladas a partir de modelos de representaciones abstractas. Las leyes están dentro de una teoría, se derivan de ella, son como los nodos (puntos de intersección o cruce) de las redes teóricas, pretenden reflejar lo que sucede, probablemente, en torno a un fenómeno o situación, tienen la capacidad de explicar y observar la tendencia o desarrollo posterior de ciertos casos. Las leyes serían hipótesis confirmadas (ver la siguiente Unidad) que se suponen reflejan una pauta o regularidad objetiva. Las leyes condensan nuestro conocimiento de lo actual y lo posible (Bunge, 1983), si son profundas, llegarán cerca de las esencias. Las teorías unifican leyes, y por medio de las teorías, que como ya señalamos son "tejidos de leyes", entendemos y prevemos los acontecimientos. Esto quiere decir que probablemente, de acuerdo a nuestras investigaciones, se verificarán o tendrán lugar tales fenómenos o situaciones. ¿Recuerdas cómo se llegó a establecer la ley de la caída de los cuerpos?

3.6
Los modelos

Por otra parte, para hacer más comprensible a la realidad, podemos recurrir a la construcción de tipos o modelos. Un modelo es una construcción hecha por el investigador que pretende "simular" ciertos aspectos de un sistema considerado como el "original" o real. La elaboración del modelo se hace con el fin de representar la realidad, sintetizar lo complejo de lo real mediante un lenguaje o un esquema, se trata de un auxiliar que representa la idealización de una clase de objetos reales. No son nunca la realidad, sino que la tratan de presentar como una aproximación. Por ejemplo, ¿has visto cómo las vacunas combaten a las enfermedades en los anuncios de las campañas de vacunación? Obviamente, los componentes de la vacuna no son "soldaditos" armados, sin embargo, es una buena representación didáctica de la función de los anticuerpos en nuestro organismo. Los modelos son medios heurísticos de conocer algo, a través de los cuales nos damos cuenta de cómo se gestan ciertas relaciones en los fenómenos. ¡Observa bien! Los modelos pueden referirse a aspectos simbólicos, por ejemplo, el "ideal" de una sociedad democrática, un patrón matemático o la representación del átomo de Bohr; o bien a aspectos materiales, como la maqueta de un edificio o el diseño de un automóvil prototipo.

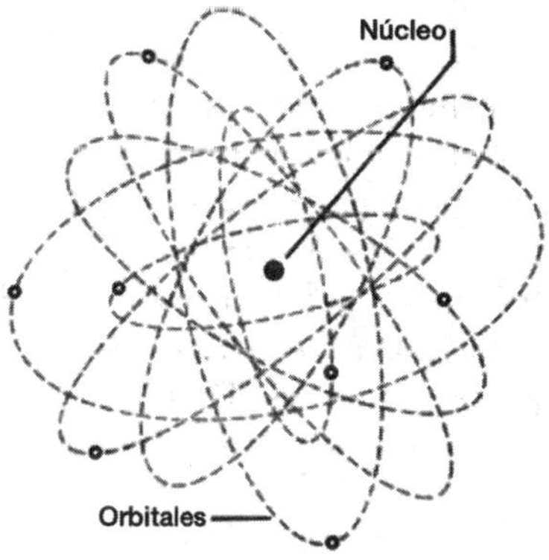

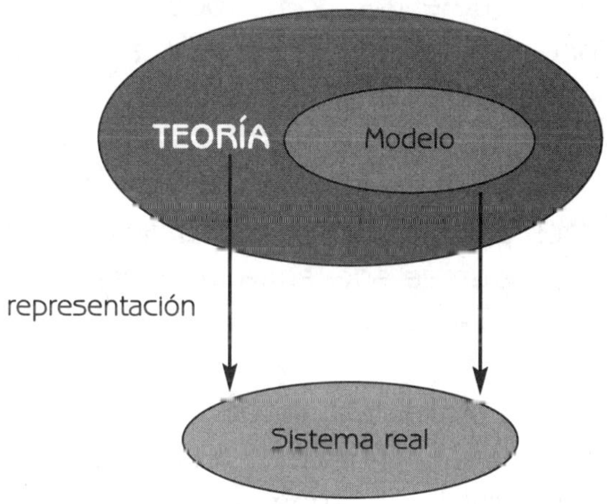

Esquema No. 8.
El modelo como representación de un sistema real.

Cuadro resumen

El concepto no es el fenómeno en sí, es una abstracción, un pensamiento. Tiene un doble movimiento, por una parte representa una actividad del mundo y por otra, encierra una idea de la esencia de las cosas. Algunos conceptos son más amplios que otros. Por ejemplo: mamífero es más amplio que hombre, pero menos amplio que animal.

Es una representación racional que abarca los atributos fundamentales de una clase de fenómenos o de objetos; pero concepto no es sólo su definición, no es sólo una ayuda para percibir, sino una forma de concebir, y organizar la realidad, conservando los caracteres distintivos y significativos de los fenómenos: es un medio de asignar por abstracción. Con el desarrollo de la Ciencia, los conceptos se pueden mejorar y ser vinculados en las teorías, que permiten, incluso, llegar a otras conclusiones por medio de la deducción.

El lenguaje científico, a través de las teorías, constituye la forma de expresar la designación de los fenómenos y de estructurar a los objetos, es decir, de descubrir, tras el lenguaje común y las apariencias, un sistema de relaciones. Expresa la organización de lo estudiado, sintetiza la actividad de diversos factores, resume las explicaciones, ofrece categorías al pensamiento para estudiar los hechos y hace posible la comunicación entre los hombres.

Por medio de las leyes tratamos de comprender los fenómenos, agrupando relaciones de conceptos que derivan de la naturaleza de las cosas; hacemos una simplificación de los procesos que estudiamos, ya que éstos, como todo en la realidad, no son simples sino complejos. Son expresiones válidas deducidas de una relación repetible y comprobada. Los hechos suponen leyes, pero recuerda que los hechos cuando ocurren, no se someten necesariamente a las mismas.

Por lo anterior, cuando hablamos de la verdad de una definición científica, ésta no reside en tal o cual concepto o ley, sino que se encuentra en relación con todos los componentes del sistema conceptual.

El procedimiento para simplificar la realidad ha llevado a construir tipos o modelos, que son instrumentos interpretativos de los fenómenos; esta operación consiste en acentuar o seleccionar algunas características de un fenómeno a partir de un número significativo e importante de datos. La intención es abstraer de esa realidad o fenómeno, sus relaciones, a fin de examinarlos funcionando en un sistema construido mediante un lenguaje simbólico. Esto sólo se logra si consideramos que para construir modelos se requiere del apoyo de las teorías y del conocimiento particular del proceso que estudiamos.

También se debe prestar atención a que el modelo sea consistente y lógico y que además, simule al fenómeno real, comparándolo y ajustándolo según los cambios que se presenten. ¿De qué hechos podemos construir modelos? De actividades varias; de modelos que representen al ciclo del agua, el modelo de funcionamiento de una máquina, el modelo de un sistema planetario, etc. Con ellos no sólo representamos, sino que logramos comprender o interpretar la estructura de los hechos. Recuerda que las teorías no son modelos sino que éstos son incluidos en las teorías, son representaciones idealizadas de una clase de objetivos reales.

Ejercicios y actividades

1. Investiga la diferencia entre lenguaje científico y lenguaje no científico, y ofrece un ejemplo de cada uno de ellos.

____

____

____

2. ¿Qué es un concepto?

____

____

____

3. Discute con tus compañeros algunas ideas que aclaren lo que es una teoría. Escribe las conclusiones principales.

____

____

____

4. Selecciona un artículo de una revista científica y describe cuál es su teoría.

____

____

____

5. ¿Qué son los hechos y cómo los puedes clasificar?

6. Explica por qué los hechos no son científicos o acientíficos, verdaderos o falsos.

7. En los siguientes ejemplos ¿cómo se relacionan la teoría y los hechos?

a) El hecho físico de la caída de los cuerpos

b) El tratamiento de una enfermedad.

c) La formación de las olas en el mar.

d) La propagación del sonido.

8. ¿Cuál es la diferencia entre supuestos y postulados?

9. Enuncia algunos ejemplos de leyes científicas.

10. Presenta un ejemplo de un modelo material y un ejemplo de un modelo conceptual.

unidad cuatro

Componentes fundamentales del Método Científico.

Objetivo

Comprenderás la importancia que tiene el Método Científico para el desarrollo de la Ciencia. Advertirás que la Ciencia opera dentro de ciertos marcos referenciales y con determinados elementos que proporcionan los recursos e instrumentos conceptuales, con los cuales se ha de trabajar para construir los sistemas teóricos, estudiar los hechos que son su objeto y comunicar sus descubrimientos.

Objetivos específicos

Al terminar esta unidad serás capaz de:

- Describir los elementos principales del Método Científico
- Entender la importancia de los sistemas conceptuales en la investigación.
- Explicar las características principales de las hipótesis y aprender cómo construirlas.
- Entender la importancia de la observación en el quehacer científico.
- Comprender la función de la comprobación científica.
- Comprender el uso de la cuantificación en la investigación científica

Temas

4.1 El sistema conceptual.

4.2 Las hipótesis.

4.3 Las variables.

4.4 La observación científica.

4.5 La comprobación.

4.6 La medición y el muestreo.

4.1
El sistema conceptual

El lenguaje que se utiliza en la Ciencia es un medio cuya función es designar, señalar o referir algún aspecto de la realidad. Es una forma de leer la realidad. Por ello, sin conceptos ligados en un orden y de manera sistemática, no es posible el Método Científico. Esos conceptos son abstracciones, es decir, construcciones lógicas que el científico produce, y las expresa de tal manera que puedan dar cuenta de un hecho o fenómeno. Los conceptos no son lo mismo que el fenómeno, sólo lo representan. Por ejemplo, H2O, simboliza una molécula de agua, pero no representa a las características físicas del agua. Como puedes notar, el lenguaje, con sus conceptos, sirve para facilitar la comunicación; suministra un sistema formal, ordena las percepciones, describe lo fáctico, interpreta y hasta nos indica, normativamente, formas o reglas de actuar.

Los conceptos son definidos de tal manera que no solo se refieren a las cosas por su nombre de forma simple y llana, sino que ellos tratan de un saber de las cosas, diciendo qué es el objeto en sus propiedades esenciales, tanto en su descripción, en su génesis, como en la forma de su desarrollo y hasta operativamente, es decir, en su funcionamiento; es aquello que nos indica qué hacer enumerando detalles de las actividades necesarias para producir el fenómeno, también se aprehende el significado no con otras palabras, sino mostrándolo por medio de un procedimiento.

El primer paso del Método Científico consiste en establecer el sistema conceptual, que de manera restringida y para el análisis de un determinado fenómeno, llamamos también enfoque teórico o simplemente teoría, marco de referencia, o marco teórico. Aquí se trata de reunir un conjunto de leyes, categorías, conceptos que reflejan a la realidad y que, ordenados lógicamente y en relación con el objeto que deseamos estudiar, se orientan a resolver un problema específico

> ¡Atención! Aún no te decimos cómo realizar una investigación, lo que queremos es que conozcas las características o elementos básicos y formas de proceder en la Ciencia, en su Método.

Una vez comprendidos, los podrás aplicar a tus investigaciones.

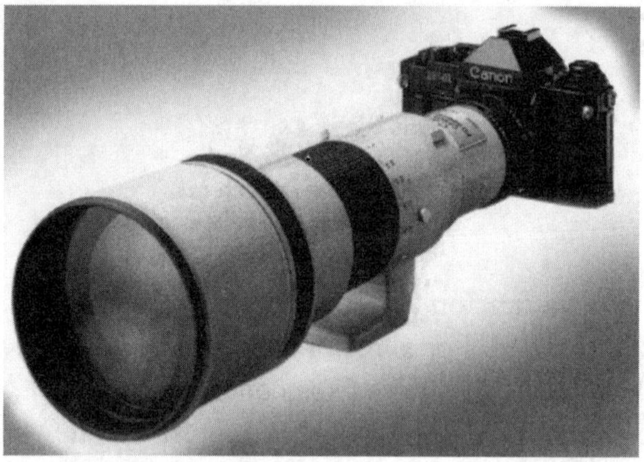

Por ejemplo: si te interesa utilizar una cámara fotográfica profesional, primero debes conocer los componentes, la función de cada uno, su relación con el conjunto de las demás partes; para qué sirve la cámara, cuáles son sus posibilidades de uso... en fin, debes armarla, desarmarla, saber de dónde viene, cómo está hecha, sus principios físicos y mecánicos, la apertura que debes dar al diafragma en función a las condiciones ambientales de luz, el tipo de rollo, etc; y educar tu mirada, tú eres el que tomará las fotos, la cámara es sólo el instrumento. Finalmente, a fotografiar el mundo, usando tu imaginación peculiar, interés o motivo y hasta técnicas específicas. Como vez, conociendo bien los componentes, más jugo (provecho) les podrás sacar.

La teoría indica las formas o medios para abordar el estudio de los fenómenos de acuerdo a sus propios conceptos y técnicas básicas. Los científicos pueden comenzar una investigación de varias maneras, pero todas se atienen a lo señalado en las normas generales que aquí te hemos presentado sobre el Método Científico.

Una de ellas comienza por utilizar los procedimientos lógicos y algunas informaciones teóricas, en general, para formular una solución posible a un problema dado. En otras palabras se parte de una teoría basada en una información o conocimientos generales, después se procede a formular algunas hipótesis (ver tema siguiente), que se derivan de los enunciados generales. Finalmente, a través de algunas técnicas de investigación planificadas, se comprueban esas soluciones propuestas en varias situaciones típicas. Este procedimiento que va de lo general a lo particular, se denomina razonamiento deductivo.

Otro tipo de razonamiento es el inductivo, en el cual el científico empieza por analizar muchos casos (problema) y a partir de sus observaciones, presenta una posible conclusión y formula, también, probables soluciones a problemas similares. En este caso se razona lógica y sistemáticamente de lo específico a lo general.

Estas dos formas de razonamiento se relacionan y se complementan, ya sea observando casos similares y formulando leyes, ya deduciendo de esas leyes aplicaciones para casos singulares. Las dos formas están integradas durante la investigación aquí las separamos con la finalidad de explicártelas, como una forma didáctica para su enseñanza.

Cuando estudiamos algunos fenómenos sociales (por ejemplo relaciones laborales en una fábrica, las causas socioeconómicas de la mortalidad infantil, etc.), es difícil aplicar los dos tipos de razonamiento de una manera mecánica. Sabemos que los hechos sociales son individualmente irrepetibles, por eso, si reconstruimos la historia de las causas que provocaron los fenómenos sociales que estamos estudiando, podremos encontrar un desarrollo o génesis (el origen de las causas que provocaron esas relaciones sociales y su constante dinámica) para comprenderlos en toda su secuencia.

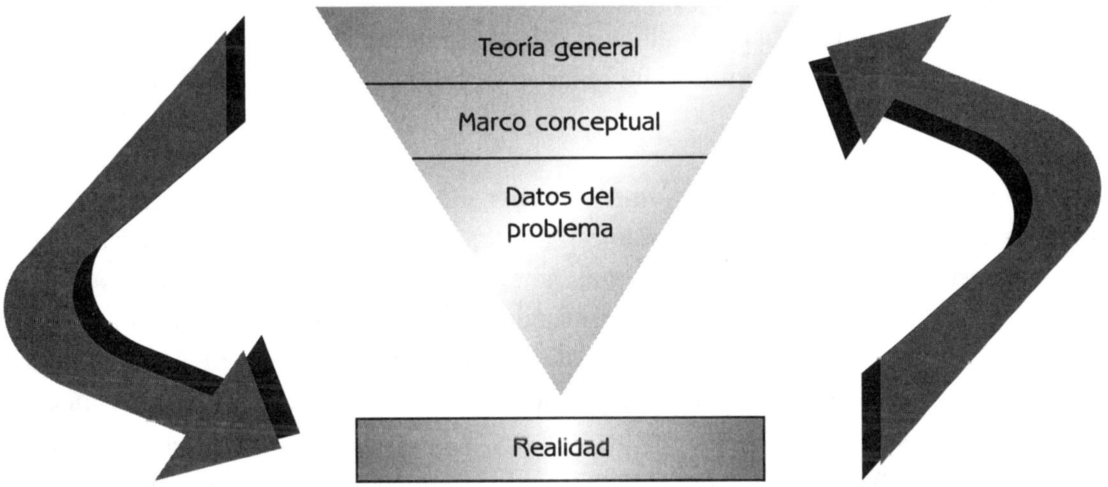

Esquema No. 9
Relación entre la teoría y los hechos. La flecha hacia abajo se aproxima al hecho y hacia arriba se generaliza.

La forma de construcción del conocimiento científico se efectúa desde un lugar muy específico, desde tu presente. Esto no significa que el pasado esté excluido, no, en realidad los aportes de nuestras experiencias previas son la base sobre la cual nos sustentamos, e incluso mirar el pretérito como una síntesis de nuestro desarrollo, evitará que cometamos los mismos errores. Se aprende de la experiencia propia y de la de los otros, ya que son como un expediente clínico que encierra nuestra evolución, somos su resultado. Son los marcos de referencia, que forman las estructuras de explicación que permiten delimitar el universo (campo o sector de la realidad) de observación, capaces de servir de base para determinar opciones de la investigación. Son teorías sobre la realidad, sobre su conocimiento y una orientación sobre la propia realidad. Recuerda que esa realidad no tiene vida propia, no está explicada, no es una totalidad concreta, sino que es el territorio que potencialmente ofrece fenómenos para ser estudiados. Suponemos la existencia de la realidad como un principio que será explicado vía la investigación. No son todos los hechos, sino un punto de vista del investigador, que le sirven para encontrar y realizar la delimitación de los hechos, y por lo mismo, el conocimiento científico es una forma más de entender a la realidad.

Con los marcos conceptuales problematizamos la realidad y comenzamos al mismo tiempo a construir el objeto de estudio con nuestra práctica metodológica, práctica que es la aprehensión de lo real, de una manera articulada y racional. Esas teorías o marcos conceptuales deberán reflejar la potencialidad de los objetos de estudio, es decir, dejarán de ser un cúmulo de conocimientos entendidos sólo como resultados, para convertirse en guías que interrogan a la realidad, a fin de extraer del objeto todas sus características, datos e información posibles. El desarrollo de los marcos conceptuales no se debe confundir con la suma simple de conocimientos previos ni tampoco con el desarrollo de lo puramente teórico; el lograrlo, dependerá de nuestra capacidad crítica para resolver la problemática que nos hemos propuesto analizar.

Los sistemas conceptuales cumplen una función ordenadora, son nexos con la realidad: organizan las vinculaciones con el objeto de estudio, lo delimitan, describen el proceso y presentan los resultados. Es importante estar alerta al tratar de identificar los marcos conceptuales que expliquen; y no a los que confundan o dejen ambiguos los objetos a los cuales dirigimos nuestras interrogantes. Como hemos dicho, la relación con la realidad debe de ser construida ubicando los problemas; si una parte de la teoría no da cuenta de ellos, es necesario abandonar esos sectores de los marcos conceptuales que podrían prestarse a confundir la realidad. Si no explican - ya hemos mencionado que la explicación es una forma de apropiación racional de la realidad-, es necesario recurrir a otros sistemas conceptuales (marco teórico) que sí tengan relación con los objetos, o bien que sean capaces de aprehenderla, encontrar la capacidad de adecuación entre concepto y objeto, entendiéndolos como organizadores de la relación con la realidad. En nuestro tiempo se cuestiona a la realidad desde un ángulo disciplinario (desde una parte de la Química, o de la Historia, etc.) pero no debemos olvidar que cada objeto es multidisciplinario y tiene diversas facetas de estudio y que pueden dar lugar a otras tantas explicaciones.

Todo lo anterior implica un esfuerzo, una visión de estudio que posee una complejidad creciente, para la organización de un procedimiento que sea capaz de dar cuenta racional de lo real y de un razonamiento que genere un conocimiento capaz de ser comunicado.
Para concluir esta parte, haremos referencia a algunas ideas planteadas en la Introducción de este libro, en donde argumentamos que las teorías son sólo una parte de un paradigma. Un paradigma puede abarcar dos o más teorías, puede involucrar diferentes fases del objeto de estudio y abarcar varios de los métodos con los cuales se investiga. El paradigma es una imagen básica de la Ciencia, sirve para difundir lo que debe estudiarse, las preguntas que es necesario responder y ayuda a delimitar a una comunidad científica de otra. Cuando los principios básicos de un paradigma no pueden responder a fenómenos nuevos, surge la necesidad de hacer un cambio "paradigmático", es decir, de sustituir una forma de hacer Ciencia por otra que sea más adecuada.

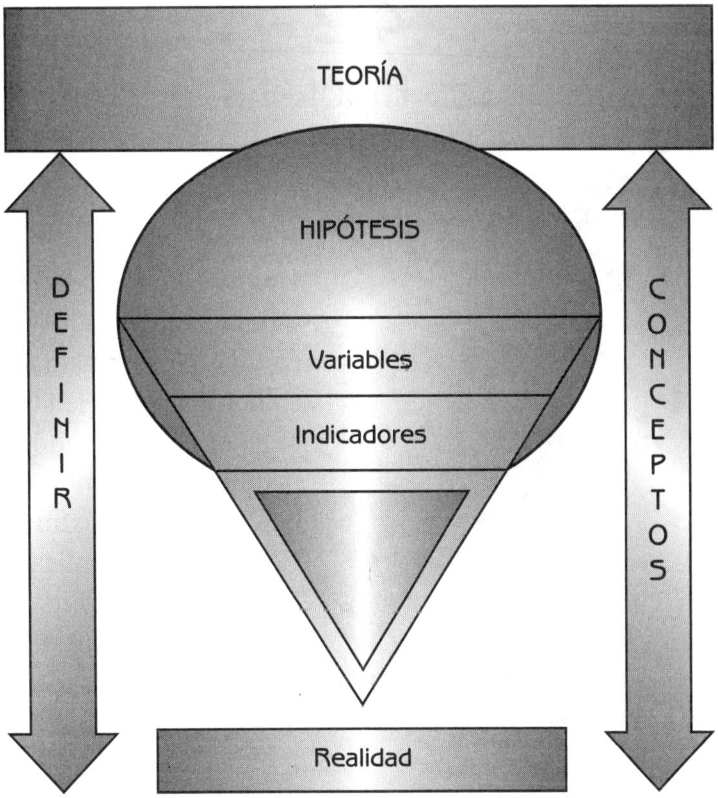

Esquema No. 10.
Grados de aproximación a la realidad que es definida y conceptualizada a través de la teoría, hipótesis, variables o dimensiones e indicadores.

4.2
Las Hipótesis

Una vez que has definido el problema que quieres estudiar, debes de diseñar un camino para encontrar la respuesta. La solución va a depender tanto de la teoría que has seleccionado, como de la naturaleza del fenómeno. Las hipótesis son una primera aproximación, son una "tentativa" de explicación primaria. Entendemos por hipótesis cualquier proposición, supuesto, condición o principio que se basa en conocimientos preexistentes, en hechos nuevos, o en ambos, a partir de los cuales se derivarán consecuencias lógicas.

En otras palabras, las hipótesis son propuestas de explicación de los fenómenos que se formulan al comienzo de una investigación. Son afirmaciones que a modo de orientación o de idea directriz, guiarán tu investigación. Para formular una hipótesis, es necesario que la sitúes como parte de un sistema conceptual, es decir, la debes apoyar en conocimientos comprobados. Debe de estar relacionada claramente con el marco teórico, de una manera lógica, a fin de que te sirva operacionalmente.

¿Para qué sirven las hipótesis?

Como son las afirmaciones, conjeturas o supuestos de los que partes para analizar un fenómeno, te van a servir para contrastarlas con la realidad; su veracidad o falsedad la verificarás implementando las técnicas que hayas escogido. Una hipótesis debe de poder ser comprobada, debe de ser cierta o falsa, correcta o incorrecta

Ejercicio. En un vaso de vidrio transparente, pon agua hasta la mitad y sumerge una parte de una varilla de vidrio, popote o una ramita recta. Observa cómo se aprecia una desviación de la parte sumergida. ¿A qué se debe este supuesto desvío?

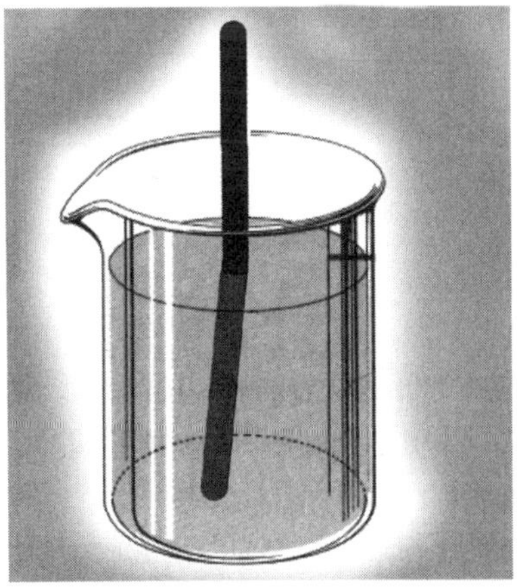

Podemos formular varias propuestas:

a) Se rompió la varilla.

b) El agua con su fuerza desvía la forma del objeto.

c) Es un truco.

d) La aparente desviación se debe a la refracción de los haces de la luz en la superficie de contacto del aire y el agua.

¿Se te ocurren otras posibles respuestas?

Algunas de estas respuestas constituyen hipótesis de trabajo susceptible de ser comprobada: a) y b) son incorrectas: si extraes la varilla podrás observar que no está rota ni desviada. La tercera no es una hipótesis: es un acto de negación científica, es un claro rechazo a no saber buscar el porqué de las cosas. Sólo el inciso d) es factible, es producto de un estudio realizado previamente y de una verificación en el mundo real que tu mismo realizaste.

Desde luego este es un ejemplo muy simplificado de lo que es una hipótesis, pero sirve para demostrar que ante un fenómeno, tú puedes plantear varias hipótesis sobre cómo, dónde o porqué ocurre, pero todas ellas deben de estar sujetas a comprobación.

Existen muchos procedimientos para formular hipótesis y clasificarlas, pero sobre este tema vamos a hablar cuando expliquemos la generación de hipótesis. En el Seminario de Investigación haremos los ejercicios pertinentes para que formules aquellas que te orienten en tu informe recepcional.

4.3
Las variables

Las hipótesis están compuestas por variables. Las variables son características o aspectos que puedes observar o discernir en un objeto de estudio y que adoptan diferentes valores y se expresan en varias categorías. Después de haber planteado el problema a investigar y de seleccionar el marco conceptual para su enfoque y estudio, es necesario observar para hacer una descripción sistemática del objeto. Vamos a comenzar a explicar el fenómeno. Explicar quiere decir encontrar la posible razón de un fenómeno, intentar aclarar el motivo de un problema. El relacionar las variables contribuye a proporcionar esta explicación. Se trata de probar la existencia de las propiedades de un fenómeno para explicarlo, características que están en relación o asociación directa con las causas que lo producen. Para ser más precisos, variable se utiliza como sinónimo de aspecto, propiedad o dimensión. Pero no son simples descripciones; el vocablo variable es utilizado para la investigación en todas las disciplinas, debido a que está vinculado a las propiedades que juntas determinan al objeto. Esto es, los fenómenos se explican a través de ligar variables. Algunos científicos utilizan como sinónimos del vocablo variable: causas, variaciones, dependencias, asociaciones, influencias, etc.

Ten cuidado de no confundir las variables con los conceptos. Recuerda que un concepto es construido e incluido en la teoría; es general y se refiere a la definición amplia y abstracta de un fenómeno. Es el resultado de la generalización de muchos casos, es una forma de explicar los fenómenos, clarifican su significado, reflexionan y sintetizan todo un proceso de investigación y sirven además para plantear un marco de referencia para efectuar nuevas investigaciones. En cambio un conjunto de variables son las formas particulares que asume una tentativa de explicación, la hipótesis, como posible respuesta a un problema científico previamente formulado. A partir de teorías y conceptos sistematizados las variables (características, dimensiones o propiedades) pueden ser cualitativas o cuantitativas, dependientes o independientes.

Las variables cualitativas, son aquellas cuyos elementos de variación exhiben una característica que no es susceptible de medición numérica, por ejemplo, el sexo de un individuo, el color de un objeto, etc.

Las variables cuantitativas, son aquellas cuyas características pueden presentarse en diversos grados o intensidades y tienen un valor numérico, por ejemplo: el ingreso familiar, la magnitud o tamaño de un objeto, la obesidad de una persona, etc.

Las variables dependientes son aquellas cuya propiedad se relaciona estrechamente con el objeto de estudio, por ejemplo, el ingreso familiar se reduce si uno de los miembros de la familia que contribuye a él se jubila.

Las variables independientes cambian o se mantienen iguales sin que dependan para esto de cambios en el objeto. Siguiendo el mismo ejemplo del ingreso familiar, cuantitativamente éste no cambia si tu hermanito ingresa a la Secundaria, esto es, el ingreso sigue siendo el mismo; cualitativamente es probable que la calidad de vida de tu familia cambie porque tengan que gastar más, pero el hecho de que haya cambiado de ciclo escolar es independiente del dinero con que cuenta tu familia.

Estos son sólo algunos ejemplos, nuestra intención es que entiendas que identificar las variables sirve para aproximarte cada vez más al objeto que se investiga, para encontrar sus atributos. Nota la importancia de relacionar todos los temas de estudio en esta unidad, ya que juntos estarán formando parte de los elementos básicos que caracterizan al Método Científico.

Una vez identificadas las variables, se recurre a los indicadores, que son subdimensiones o desgloses de las variables. Por ejemplo, la variable "ingreso familiar" puede ser de tres tipos: alto, medio o bajo. La variable de tu desempeño escolar puede tener cuatro indicadores: excelente, bueno, regular o malo.

4.4
La observación científica

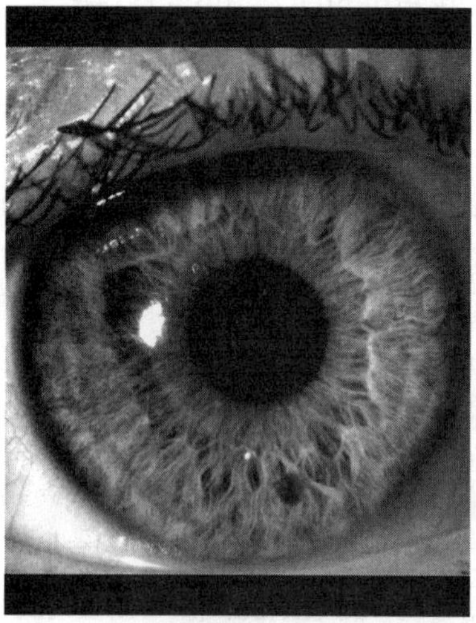

¿Cómo se obtienen la información? La observación es el medio a través del cual el investigador adquiere los datos sobre el comportamiento de los procesos que analiza. La observación científica se basa en conocimientos teóricos comprobados, no es suficiente sólo mirar lo inmediato. Observar un fenómeno es convertirlo en objeto de estudio, tratar detenidamente de explicar el porqué de dicho acontecimiento, establecer relaciones, ubicar los aspectos examinados. La observación científica es un medio para confirmar o rechazar algunas tentativas de explicación, sirve para comprobar un número infinito de experiencias y para que esas experiencias puedan ser reproducidas por otros investigadores.

¿? La observación es el análisis cuidadoso de un objeto a fin de conocerlo, es una forma metódica de tratar a los objetos y de descubrir su composición.

Para que una observación pueda ser considerada como científica debe reunir los siguientes requisitos:

a) Contar con objetivos específicos.

b) Incluirse dentro de un plan de trabajo determinado.

c) Atenerse a una comprobación.

d) Regularse y controlarse en cada fase.

e) Los resultados deben formar parte de los elementos que sirvan para interpretarse en el total de la investigación.

Además, la observación debe de ser lo más completa posible, que incluya todos o al mayor número de elementos, evitando incluir características que suponemos o creemos que pudieran estar en el objeto, a fin de detectar solo sus componentes reales.

En el Método Científico, la observación es una forma, un medio, una herramienta que auxilia en la recopilación de información. Con la observación se pretende captar aquellos aspectos del fenómeno que son más significativos o pertinentes para investigar. En otro sentido, es un procedimiento que recoge datos con un propósito guiado por un marco conceptual que le dice qué debe detectar. Es un examen de los fenómenos para el cual se requiere de un sujeto, que es el observador, del objeto que es observado, de los instrumentos con los cuales se observa, de un contexto en que ocurre la observación y de un marco conceptual que sirve de guía para realizarla.

En el plan de observación debes establecer el qué y el para qué de dicha observación. Para ello es necesario tener una lista, guía o control, acerca de los puntos que pretendes investigar, señalando los datos en un registro de información; debes realizar el trabajo de manera sistemática y atenta; y tienes que tener un "espíritu abierto" para captar aquello que se presente de manera imprevista o profundizar en aspectos o relaciones de las cosas que no habías contemplado en un principio.

¡Date cuenta! Con la observación estás pasando de las ideas a los hechos concretos.

Por otro lado, recuerda que la observación es el procedimiento empírico básico que percibe a los objetos, pero la observación científica los capta de una manera intencionada, dirigida. No basta con tener la experiencia de ver la realidad, es necesario comprenderla, interpretarla, conseguir la información más precisa posible. Observar requiere tomar conciencia del objeto, reconocerlo, describirlo; hacer una presentación del objeto y percatarse de él, interpretándolo primero a grandes rasgos, para después establecer los detalles.

La observación implica un criterio científico, no sólo observamos los aciertos, sino también los errores, con la intención de evitarlos; esto no significa que la observación sea totalmente certera, infalible. Por eso, los objetos deben de observarse con la ayuda de los instrumentos empíricos y conceptuales adecuados, a fin de dejar constancia de lo analizado. En otras palabras: debemos observar las veces que sean necesarias, o posibles, un fenómeno y recordar que debemos rectificar o corregir cuantas veces se requiera hacerlo.

De algunos hechos podemos observar directamente sus características (el color, el tamaño, etc.). En el caso de otros fenómenos será necesario realizar inferencias. Por ejemplo, no podemos detectar directamente al viento, sino que lo podemos deducir a partir de objetos que se mueven o que son sometidos a presión, para lo cual requerimos utilizar instrumentos y técnicas que nos permitan objetivizar el hecho de que hay viento, darle cualidad a su existencia. Debemos presentar las evidencias de que efectivamente hemos descubierto un fenómeno.

Las ideas que presentan el resultado de la observación son un conjunto de datos que adquieren significado al incorporarse a un cuerpo de conocimientos; por lo tanto, con la observación recibimos hechos que debemos expresar y convertirlos en objetos de investigación, para que nos puedan informar. Es necesario "trabajarlos", reconstruirlos, agrupándolos, relacionándolos y buscando sus referencias. Esto requiere de una ardua labor de sistematización, toma en cuenta que algunas observaciones son evidentes, mientras que otras necesitarán de procedimientos más complejos para convertirlas en evidencias.

4.5
La comprobación

Uno de los pasos fundamentales del Método Científico es la comprobación, que se lleva a cabo a través de la demostración o de la experimentación. El primer término se refiere a la comprobación de carácter formal, que se utiliza en la Lógica y en las Matemáticas (Ciencias Exactas). En cambio, la experimentación, que algunos autores denominan verificación, se utiliza en las Ciencias Experimentales y Sociales. La comprobación sirve para fundamentar las propuestas de una investigación, ya sea probando la validez lógica y numérica de los argumentos, o bien verificando en los hechos (como en la Física, Química, Biología, Economía, Sociología, etc.).

La demostración implica una serie de razonamientos que prueban la validez de un conocimiento estableciendo las conexiones necesarias con otros conocimientos. Debes de tener claro que no es lo mismo mostrar que demostrar. Mostrar consiste en mirar, "enseñar algo para verlo", en cambio demostrar, requiere de pasos o etapas para llegar a un resultado. No se trata de intuir algo, sino de inferir, es decir, de deducir o relacionar dos o más premisas para llegar a una conclusión. Es una disertación sobre un tema que va resolviendo el problema conectando los términos a través de un razonamiento.

¿?

Por ejemplo: Todos los hombres son mortales. Juan es hombre. Luego entonces, Juan es mortal.

La experimentación no es aplicable a todas las Ciencias. Aunque en todas las Ciencias fácticas (relativas a los hechos) se puede observar directa o indirectamente, es muy difícil o imposible, experimentar en algunas de ellas. Por ejemplo, ¿cómo modificarías la fuerza de atracción del Sol sobre Marte?. Desde luego, no se te ocurriría, ni podrías, meter al Sol y a Marte en un campo magnético; para resolver este tipo de problemas, los astrónomos llevan a cabo simulaciones teóricas, utilizando datos reales lo más precisos posibles, que han obtenido tras años de observaciones y experiencias. En cambio, en otras disciplinas, como en la Química y en la Biología, experimentar es una forma viable de comprobar una hipótesis. La ventaja de la experimentación que se lleva a cabo en un Laboratorio, es que se pueden controlar todas las variables menos una, la que se desea investigar. Por ejemplo: si quieres saber cómo influye la cantidad de oxígeno sobre el crecimiento de un hongo, puedes cultivarlo en un medio de crecimiento con todos los nutrientes, en condiciones de esterilidad (lo que impide que otros organismos se puedan desarrollar y consumir parte del oxígeno que le estás proporcionando), controlar la temperatura y la presión, etc. y sólo variar la cantidad de oxígeno que recibe el hongo.

Sabemos que la experiencia es necesaria para poder afirmar nuestros razonamientos, pero no toda experiencia se puede experimentar. Incluso hay experiencias que no se deben experimentar por razones éticas. Muchas áreas de la Medicina y de las Ciencias Sociales no pueden ni deben ser sometidas a experimentación. Por ejemplo, no se puede ni debe estudiar la enfermedad que provoca un virus infectando a seres humanos, ni analizar el comportamiento de un pueblo ante una hambruna, privándolo de alimentos.

Retomando nuestra explicación sobre la comprobación, para que la lleves a cabo debes de seguir estos dos pasos:

a) Observar cómo se ajusta tu razonamiento a la situación que pretendes explicar, es decir, verificar, constatar que efectivamente sucede.

b) Experimentar, en donde vas a alterar, modificar o intervenir en la producción del fenómeno y vas a observar e interpretar de acuerdo a tu sistema conceptual.

Con la aplicación de estos dos pasos, procurarás conseguir una exactitud de los hechos. Recurrirás a su acontecer, a que verdaderamente, cuando los hechos ocurran, confirmen tus ideas.

Las ideas suelen ser símbolos interpretados. Por ejemplo, H2O representa específicamente a una molécula de agua y no a otra sustancia o materia; en cambio X representa a cualquier variable en una Ciencia formal como las Matemáticas.

¡Entiende bien! Cuando es posible experimentar, es posible reproducir, medir y hasta controlar las experiencias.

Sin embargo, recuerda que la experimentación no es el único ni el más importante paso en el Método Científico, sólo es necesario e imperativo en algunas investigaciones. Por otra parte, una cosa es diseñar la investigación y otra es diseñar una técnica de experimentación, ya que la técnica es sólo una herramienta que te auxiliará en el desarrollo de tu investigación. Un experimento no se sostiene en el vacío, no puede estar aislado de un marco conceptual, porque su resultado carecerá de sentido. El experimento se relaciona con todos los demás elementos del quehacer científico.

4.6
La Medición

Medir no es sólo cuantificar, es mesurar, es asignar valores a los objetos, sea numéricos o de otra índole, mediante la utilización de un determinado procedimiento. Un procedimiento de medición involucra la comparación de una observación con una serie de símbolos (escalas, palabras, colores, tablas, números, etc.) para asignarle un lugar dentro de ese símbolo, siguiendo reglas o criterios previamente establecidos. La medición, de la misma manera que la experimentación, el sistema conceptual, las hipótesis, las variables, los indicadores, la observación, etc., forma parte del Método Científico mediante el cual se conocen los hechos. El medir es relativo, porque depende del género, del grado, del número, de la precisión, con qué se evalúa y también depende de con respecto a qué se compara. En general, nos referimos a los hechos como "cuánto tiene de...", "qué tan grande es...". "qué tan importante es...", "qué tan preciso es..., "más de esto", "menos de aquello"; bueno, malo; fuerte, débil; rápido, lento; etc.

Que quede claro, medir no es sólo usar números o reglas, sino es, a la vez, aplicar una serie de pasos para que la determinación tenga carácter científico:

a) Se debe encontrar la propiedad o mesurandum del sistema concreto: lo que es mensurable, o medible; encontrar aquello que será objeto de medición o lo ya medido;

b) Se requiere de una escala conceptual sobre la cual se pueda registrar o medir el mesurandum;

c) Se debe contar con una unidad de medición que pertenezca a un sistema acordado.

Por ejemplo:

a) La temperatura de un cuerpo es el mesurandum.

b) El instrumento de medición es un termómetro.

c) La unidad de medición son los grados.

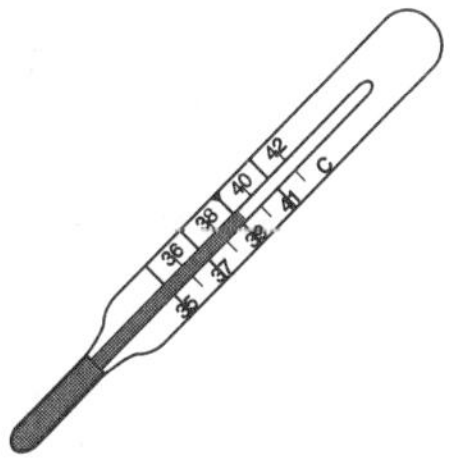

La medición sirve para precisar y profundizar en el conocimiento de los objetos, cuyos rasgos ya habíamos apreciado durante la observación. Para efectuar la medición se debe de disponer del sistema conceptual y de las técnicas, que pueden ser directas -poner una hoja de árbol sobre una regla- o indirectas, -calcular la distancia de una estrella por su tendencia a un determinado color-, pero sobre todo, se requiere de la inteligencia y de la habilidad del investigador para comprender las cualidades de los objetos con respecto a las escalas conceptuales, de una manera aproximada, confiable y precisa. Lo importante es determinar quién o qué va a ser medido y esto dependerá de los objetivos de la investigación. La idea consiste en vincular procesos abstractos con indicadores empíricos y clasificar organizadamente los datos disponibles en términos de un esquema conceptual. ¡Observa como la medición se convierte entonces en un medio de recolección de datos que ayudan a clasificar nuestras observaciones!

Hay diversas maneras de clasificar a los objetos, algunas de ellas son:

a) nominal. Implica distinguir ciertas características, por tipología o por nombres, proporcionándoles un símbolo. Se maneja cuando entre los objetos no hay un orden, distancia, o proporción, determinables numéricamente. Es una forma de "etiquetar" a los objetos.

Ejemplos:

Un padre de familia puede ser autoritario, permisivo o democrático.

Jardín	Baño	Pasillo

Clavos	Tachuclas	Tornillos

Alemán	Ruso	Peruano

Adultos	Jóvenes	Niños

Esquema No. 11
Algunos ejemplos de clasificación nominal.

b) Ordinal o de orden jerárquico. Conlleva establecer posiciones relativas con respecto a una característica. La medición implica diferentes niveles de posición del atributo, por ejemplo: una elección, en donde se establece un orden de preferencias por número de votos: tantos a favor, tantos en contra y tantas abstenciones.

c) Intervalos. Para establecer el orden en la posición de los objetos, se determina la distancia entre intervalos o diferentes categorías con respecto a un punto. Estas escalas pueden "medir" el rechazo o aceptación a determinados aspectos de un objeto; la preferencia por ciertas cualidades, la comparación entre objetos, los grados de adhesión a una idea, la intensidad de una situación, el distanciamiento o aproximación a un fenómeno, el nivel de fiebre que provoca una enfermedad, etc. ¿En dónde se aplican estas escalas? En estudios culturales, médicos, de publicidad, etc.

¿ Podrías proporcionar otros ejemplos?

4.7

El muestreo

Finalmente, usaremos la medición para seleccionar al grupo de objetos o sujetos que delimitan el número de casos necesarios para la investigación. Esto equivale a decir que se escoge una cierta cantidad de individuos llamada muestra o fracción representativa de un conjunto o universo o colectivo; en esencia, la muestra es un subgrupo de una población o conjunto de elementos, seres u objetos. Es una fracción que debe reunir las mismas características que el total. Por ejemplo, una muestra de tu sangre representa el estado general del total que tienes en tu cuerpo. Las unidades de análisis son los elementos que van a ser medidos, pueden ser personas, organizaciones, tipos de acciones o situaciones, palabras, objetos físicos, etc.

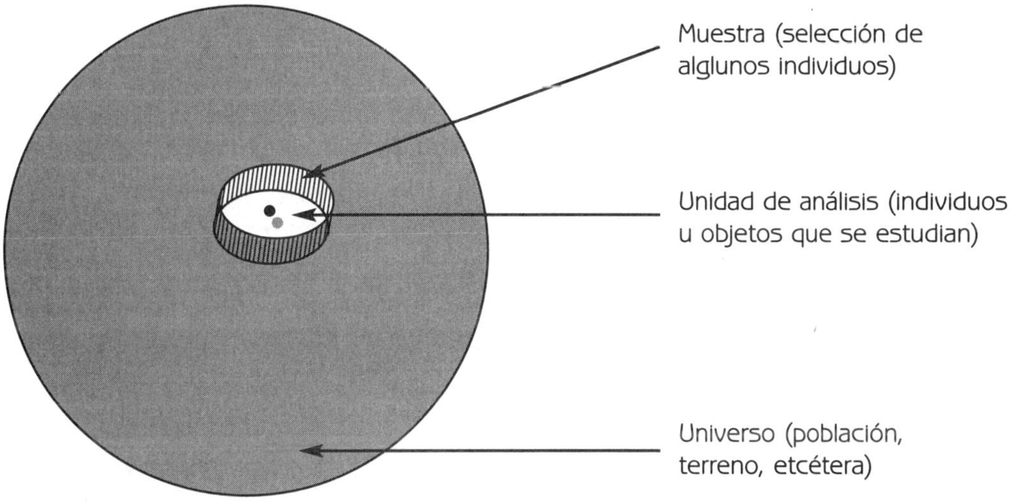

Esquema No. 12.
De un universo hipotético (que suponemos que existe), seleccionamos un grupo de sujetos u objetos (muestra que representa al conjunto total). La unidad de análisis sería cada uno de esos sujetos u objetos.

Los aspectos tratados en esta Unidad son parte de la práctica del Método Científico tal y como lo aplican los científicos actuales. Algunos de estos aspectos se usan más en unas ciencias que en otras, a veces con mayor flexibilidad y en otras ocasiones más apegadas a las reglas. Desde luego, son continuamente sometidos a discusión y mejoramiento.

> ¿En qué momento o actividad se aplican estos criterios del Método Científico? La respuesta es: durante el proceso de la investigación, que es el tema que te presentamos en la siguiente Unidad.

Cuadro resumen

En la Ciencia las explicaciones se fundamentan en las teorías. Una teoría es un sistema formado por un conjunto de proposiciones cuyos términos están rigurosamente definidos y relacionados entre sí, que constituyen un punto de vista sistemático de los fenómenos. Gracias a las teorías, es posible iniciar una investigación, plantear cuestionamientos, buscar respuestas, ya que facilitan las explicaciones y hasta auxilian en la prevención de errores. Los sistemas conceptuales son teorías específicas o particulares, que se extienden a un número limitado de datos que ellos mismos elaboran y explican. A través de ellos, leemos la realidad, al designarla con ciertas categorías, con un lenguaje conceptual. Son nexos con la realidad, ya que organizan la vinculación con el objeto de estudio; no son solo esquemas, sino que contienen proposiciones que se refieren a afirmaciones de las propiedades de los eventos o las cosas. De manera lógica y ordenada nos informan sobre por qué, cómo y cuándo ocurre un fenómeno. Asimismo, incrementan la comprensión de las causas de los fenómenos, generan nuevos descubrimientos y proponen otras interrogantes.

Por su parte, las hipótesis son propuestas de contestación a una cuestión planteada; tienden a formular una relación entre hechos significativos, que pueden ser verificables de forma empírica o lógica (demostración). Como parte del Método Científico, las hipótesis son formuladas en términos tales que la observación y el análisis faciliten una respuesta a la pregunta propuesta; como podrás detectar, con ellas se sugiere un procedimiento para la investigación. Para construir una hipótesis se depende del nivel de conocimiento e información que tengamos sobre el fenómeno. Variarán en extensión y significado; pueden referirse a enunciar la existencia de uniformidad —cosas que acontecen casi de la misma forma siempre— o a establecer correlaciones para mostrar la existencia de vínculos lógicos entre dimensiones del fenómeno. Las hipótesis deben de ser verificables, es decir, tener la capacidad de ser determinadas y comunicadas, gracias a estar estructuradas de una forma operativa tal que se pueden realizar operaciones precisas: vinculadas de conformidad con la teoría y en contacto con la realidad mediante técnicas particulares. Las hipótesis pueden clasificarse de muchas maneras. Los siguientes ejemplos ilustran sobre algunos tipos: a) entre más ahorres, tendrás mayores intereses y a mayores intereses más ahorro; b) a mayor ausentismo, menor productividad, pero una menor productividad no siempre es causada por el ausentismo; c) si p entonces q, si esto, entonces, ocurrirá aquello, si se incrementa el precio del azúcar, subirá el costo de los refrescos; d) si se aumenta la higiene, probablemente disminuyan las enfermedades; e) a mayor edad, menor dependencia; f) a mayor frustración, mayor agresividad; g) beber alcohol causa problemas al hígado; h) el alejarse del medio familiar, tener malas compañías, el ser despedido del empleo, predisponen al abuso de drogas; i) ¿qué tanto influye la falta de amor familiar, el despido del trabajo y el frecuentar a personas inestables, para iniciarse en el mundo de las drogas?

Las variables constituyen el elemento básico de las hipótesis. Son relaciones que se procura descubrir durante la observación de los objetos, representan dimensiones, características o rasgos de los fenómenos. Si con los conceptos obtenemos una descripción inicial de los propios fenómenos y luego conectamos esos conceptos para elaborar juicios hipotéticos, con las variables se admiten grados de división de los objetos, es decir, la descomposición del concepto en las dimensiones que lo conforman. Gracias a ellas la aplicación del Método Científico nos aproxima más al objeto de estudio, ya que se trata de encontrar los aspectos particulares, de establecer magnitudes y de probar relaciones, en suma, de encontrar sus propiedades. Los indicadores son el dato observable que permite aprehender a las variables en cuanto a la presencia o ausencia de un atributo en la realidad estudiada. Para ello, se debe establecer una relación entre cada indicador y el concepto fundamental en términos de probabilidad y de significación; por eso, es recomendable desglosar un número grande de indicadores que puedan dar cuenta de los componentes del fenómeno o proceso de la manera más cabal, completa, variada y precisa. Con los índices se trata de sintetizar los datos obtenidos, combinando los indicadores con los indices a fin de que se agrupen en una medida común en referencia a una dimensión. Esto es, con los indicadores, que se subdividen en índices, se concreta más nuestra investigación. Ese índice, que nos indica "qué tanto", "cuánto de", es una fracción que es parte del objeto y nos dará una respuesta sobre la dimensión o aspecto que estamos estudiando, para relacionarlo con las hipótesis y a éstas con la teoría. La misión final es dar solución a un problema.

Muy esquemáticamente, los pasos que debes seguir para la aplicación del Método Científico, son:

Teoría —> Hipótesis —> variables —> indicadores —> índices

A continuación te presentamos un ejemplo muy sencillo de cómo se aplica el Método Científico para resolver un problema, que puede ser tan frívolo como un certamen de belleza:

> En un concurso de belleza, se evalúan varios factores o aspectos que reflejan la "hermosura" de las participantes, pero la belleza no es entendida sólo como un atributo físico. Para llevar a cabo la selección de las concursantes, es necesario definir los elementos que componen la noción de belleza como imagen inicial. Posteriormente, se elabora una lista de las dimensiones que se van a observar, esto es, se descompone la noción de belleza en sus diferentes aspectos: a) atributos físicos, b) gracia, simpatía o carácter, c) inteligencia o capacidad, etc.; a continuación se identifican los indicadores y se escogen aquellos que "midan" las características de cada dimensión, procurando ofrecer una amplia gama de ellos para captar todas sus cualidades, así, dentro de los atributos físicos, se tomarán en cuenta las medidas del cuerpo, las proporciones del rostro, las expresiones faciales, los ademanes, la voz, etc. Dentro del inciso b) se observará el grado de sociabilidad, el carisma, popularidad o admiración por parte de la gente, etc.; y finalmente, en el inciso c) se podrán incluir la inteligencia, la coherencia de las ideas, la cultura general, etc. Para cada uno de los indicadores de los incisos se establecen medidas únicas o índices precisos, así, se puede evaluar cada atributo con un dato numérico y las respuestas con una escala de cualidades. Las calificaciones parciales serán los índices, y la suma final y su interpretación otorgarán un resultado.

Todas las tareas anteriores se llevaron a cabo a través de la observación, que es el mecanismo por excelencia, de recolectar datos de forma metódica para descubrir la composición de los objetos. Estos datos se valoran de forma cuantitativa o cualitativa. La valoración no debe de ser entendida solo como medición; en este caso, la valoración implica relaciones y correspondencias que ayudan al razonamiento a registrar elementos que requieren tanto de sensibilidad numérica como de habilidades para estimar y analizar los datos. Todo ello se hace con referencia a definiciones o categorías establecidas previamente, a clasificaciones por nombres o por orden numérico, por escalas jerárquicas o por posiciones con respecto a una distancia. Se trata de vincular procesos abstractos con indicadores empíricos, de observar unidades de análisis dentro de muestras del conjunto de aspectos que conforman un fenómeno, así como de buscar mecanismos que permitan comprobar lo objetivo de nuestros argumentos.

Ejercicios y actividades

1. Define qué es un Marco Teórico.

2. Escoge dos teorías que hagan referencia a un mismo fenómeno y compáralas. ¿Cuáles son sus similitudes y cuáles sus diferencias?

3. ¿Cuál es la diferencia entre concepto y fenómeno?

4. Analiza el marco teórico de un trabajo de investigación en un libro o artículo científico y presenta tus comentarios en dos cuartillas.

5. ¿Por qué cambian las teorías? Señala dos factores que justifiquen tu respuesta:

6. Define qué es una hipótesis.

7. ¿Cómo se relaciona la hipótesis con la teoría y los hechos?

8. Formula una hipótesis y define sus aspectos o variables observables

___

___

___

9. ¿Cuál es la diferencia entre concepto y variable?

___

___

___

10. Indica qué tipo de variables son los siguientes datos:

Color ___.

Ingreso ___.

Peso ___.

Sexo ___.

Estado civil ___.

Creencias ___.

Grados centígrados ___.

11. ¿Qué es la observación?

___

___

___

12. ¿Qué requisitos debe reunir una observación científica?

___

___

___

13. ¿Cuántos tipos de observación existen?

___

___

___

14. Define qué es la comprobación.

___

___

___

15. Señala los dos tipos de comprobación y presenta un ejemplo de cada uno.

16. ¿Por qué decimos que medir es más que solo cuantificar?

17. ¿Cuáles son los tres elementos de la medición?

18. ¿Cómo podemos clasificar de manera nominal y cómo de forma ordinal?

19. Proporciona algunos ejemplos en los cuales se utilice una escala de medición.

20. Proporciona algunos ejemplos de universo, de muestra y de unidades de análisis.

unidad 5

cinco

Ciencia e Investigación Científica

Que identifiques el proceso de producción de conocimientos y comprendas las principales características de la investigación científica.

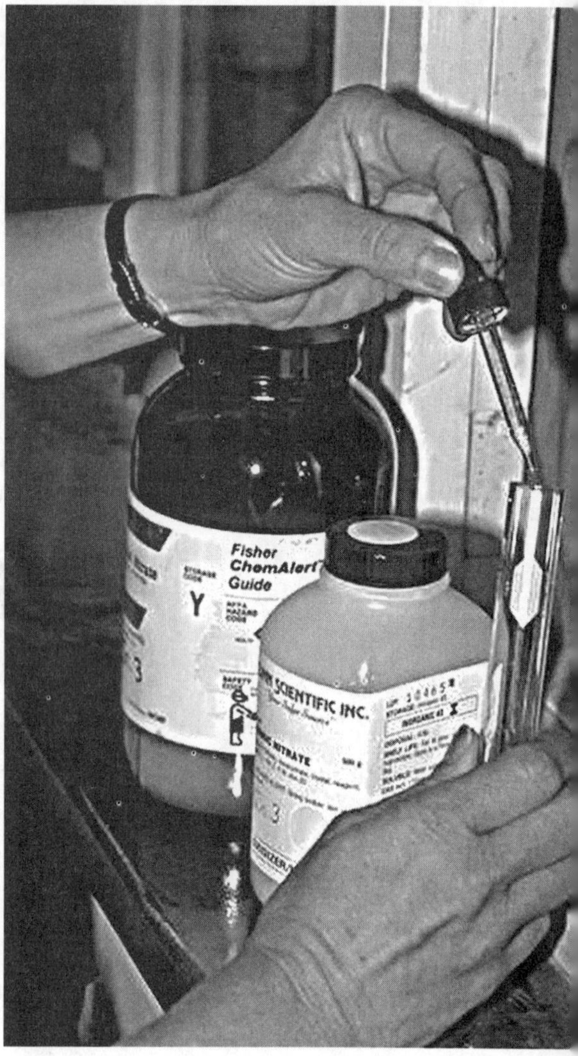

Objetivos específicos

Al terminar esta unidad serás capaz de:

- Explicar la importancia de las investigaciones científicas.
- Describir los niveles de investigación científica.
- Comprender el papel de las teorías en la investigación.
- Describir las fases más importantes de la investigación científica.
- Plantear problemas de carácter científico.

Temas

5.1. ¿Qué es investigar? Principales características de la Investigación Científica.

5.2. Niveles de investigación o tipos de estudio.

5.3. La función de la teoría con relación a la investigación.

5.4. Las etapas de la investigación.
5.4.1 Concebir una idea
5.4.2 Transformación de la idea en problema
5.4.3 Contextualizar en un marco teórico
5.4.4 El diseño de una investigación, su fase empírica
5.4.5 El análisis de la información y exposición de resultados

5.1
¿Qué es investigar?

Principales características de la Investigación Científica

En la Unidad cuatro te explicamos que el Método Científico constituye la estrategia de la investigación. En esta estrategia está comprendido el conjunto de procedimientos que se utilizan de manera regular para adquirir el conocimiento de los objetos. Investigar significa indagar, averiguar, buscar; se constituye como una pesquisa de hechos. La investigación científica es una actividad que se sigue de manera reflexiva, sistemática, controlada y crítica cuya finalidad es describir o interpretar los hechos, fenómenos, relaciones y leyes de un determinado ámbito de la realidad. La investigación es la actividad de indagación; el procedimiento para seguir el camino de esa búsqueda, es el Método; insistiendo: en una investigación se pone en práctica el Método Científico.

La investigación tiene el propósito de producir conocimientos y teorías (investigación básica) o de resolver problemas prácticos (investigación aplicada). Es una serie de etapas que se relacionan y se derivan unas de otras.

La investigación:

a) Requiere ser sistemática y pretende exactitud, se formula a partir de un programa en el que se plantea el problema y/o hipótesis, se recopilan los datos y se ordena y analiza la información.

b) Es una forma de plantear problemas y buscar soluciones.

c) Es objetiva y lógica, ya que descubre y explica los fenómenos basándose en el Método Científico.

d) Es una exploración sistemática, a partir de un marco teórico, en el cual se encuentra comprendida la problemática y las posibles deducciones que se desprenden de ella.

e) Debe enfocarse a explicar su objeto de estudio, de una manera delimitada y sin ambigüedades.

f) Requiere de la formulación precisa del problema que se pretende investigar y de un diseño metodológico en el que se expresen los procedimientos para buscar las respuestas implicadas en la formulación del propio problema.

g) En ella se deben integrar todos los datos dispersos, a fin de darles sentido y significado.

h) Exige una serie de instrumentos que son importantes para la comprobación de los datos obtenidos.

i) La investigación se registra y expresa en un informe, documento o estudio.

Como ya sabes, la investigación pretende extender y desarrollar los conocimientos sobre un tema, profundizar y precisar tesis acerca de un argumento científico, interrelacionar y sintetizar el significado y el sentido de los fenómenos (naturales o sociales) mediante la integración de teorías existentes para establecer principios y ofrecer soluciones para encontrar los factores más importantes en relación con un problema, y en su caso, llevar a la práctica los conocimientos adquiridos.

Tres son los elementos fundamentales que participan en el proceso de investigación:

1. El investigador o grupo de investigación: ellos son quienes realizan la actividad de investigar. Estos se encuentran inmersos en una determinada sociedad con características muy particulares, se hayan en situaciones económicas, políticas, educativas, etc. que influyen la manera en que desempeñan su tarea. Mención especial merecen los aspectos que se refieren a su preparación académica, educativa o cultural, que es el conjunto de conocimientos que posee una persona para realizar su investigación.

2. Los medios materiales para la investigación. Son el conjunto de elementos de los que se vale el investigador para realizar su labor; los selecciona de una manera reflexionada y cuidadosa y están compuestos por una amplia gama o variedad de tipos que se ajustan a las necesidades de cada investigación: laboratorios, equipos, computadoras, reactivos, libros, revistas científicas, etc.

3. El objeto de la investigación, también llamado tema o asunto. Es la parcela o parte de la realidad sobre la cual el científico concentra su atención a fin de conocerla; se plantea como una problemática que requiere ser investigada para convertirla en objeto de conocimiento.

SUJETO | MEDIOS | OBJETO

Esquema No.13.
Elementos de una investigación.

Aquí te debemos señalar que tanto esta clasificación, como la anterior y otras que haremos, las hemos dividido con el fin de que las conozcas, pero en el momento de investigar se puede usar una combinación de varios tipos, todo depende del interés, conocimiento y condición del investigador.

5.2
Niveles de investigación

De acuerdo al lugar en el que se efectúan, las investigaciones científicas pueden ser:

i) De campo. Son aquellas investigaciones que se realizan en el medio ambiente en donde se desarrolla el problema, en el sitio en que ocurre el fenómeno; el investigador interviene en ellas ya sea como observador o como actor participante;

ii) De laboratorio o experimentales. Son aquellas que se llevan a cabo en un recinto cerrado, en los que existe un estricto control de las variables y del ambiente en el que ocurre el fenómeno;

iii) Teóricas. Son investigaciones relacionadas con todas las disciplinas, que requieren de un lápiz, un papel, ojalá una computadora con programas de análisis de datos y un gran cúmulo de referencias bibliográficas. Algunas se centran en el estudio formal de ciertos fenómenos o demostraciones referidas a ciencias como la Lógica y las Matemáticas; o son reflexiones filosóficas; o son la síntesis de miles de datos obtenidos por otros científicos, datos aparentemente no relacionados, que adquieren relevancia en un modelo. Su carácter es comprender un fenómeno, entender sus aspectos, más que comprobar o experimentar.

Al mismo tiempo, la investigación puede ser de tipo descriptivo, clasificatorio o explicativo. Cada uno de estos niveles, implica diversos grados de profundidad y técnicas de indagación:

a) El nivel descriptivo se refiere a la caracterización de un fenómeno o situación en sus rasgos más generales. Es una catalogación en la que se realiza una tarea de distinguir los elementos a fin de producir información. Esta descripción consiste en responder a: ¿Qué es? ¿Cómo es? ¿Dónde está? ¿De que está echo? ¿Cómo están relacionadas sus partes? ¿Cuánto?. En síntesis, sirven para explicar las características más importantes del fenómeno en lo que respecta a aparición, desarrollo y frecuencia.

b) El nivel clasificatorio de la investigación ordena los datos disponiendo en grupos o clases, sobre la base del descubrimiento de propiedades en común: ¡Observa cómo se exige un mayor esfuerzo de sistematización! Se parte de ordenar similitudes, cualidades o propiedades entre semejantes a fin de establecer una distribución de sus elementos y clasificar, distinguiendo y agrupando.

Por ejemplo: la tabla periódica de los elementos

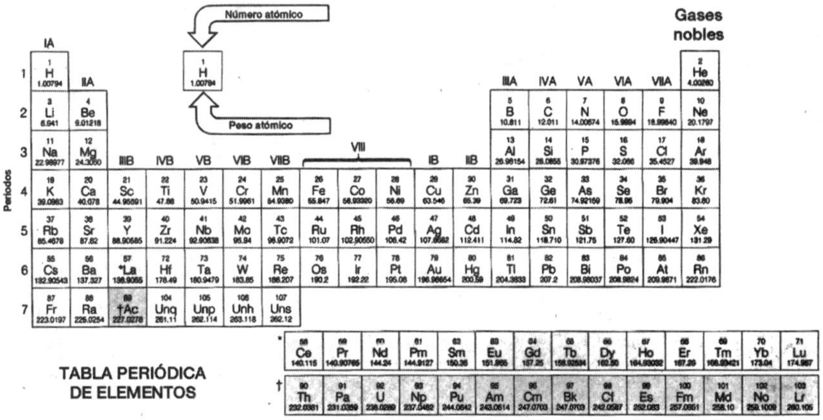

c) El nivel explicativo es un intento de responder al por qué sucede algo, cómo sucede y cómo es. Explicar implica conocer las causas de un fenómeno, insertarlo en un enfoque teórico, aprender por qué ocurren, cuáles son los factores determinantes y condiciones necesarias, de dónde proceden, cómo se transforman, cómo funcionan.

¡Observa cómo es el nivel más profundo de investigación, se trata de dar cuenta de la realidad para comprender de una manera integrada!.

Resumiendo, analiza el siguiente cuadro sinóptico:

Niveles de investigación		
	Descriptivo	La monografía de un personaje o ciudad, los síntomas de una enfermedad, etcétera.
	Clasificatorio	Ciudades: industriales, agrícolas, costeras. Enfermedades: respiratorias, digestivas, etc.
	Explicativo	No basta con describir un temblor como un movimiento de la Tierra, ni con clasificarlo como oscilatorio o trepidatorio. Para comprender cabalmente este fenómeno es necesrio buscar sus causas en las capas tectónicas de la Tierra que originan, al acomodarse, movimientos en el subsuelo que se manifiestan en la superficie como terremotos, maremotos, etcétera.

Esquema No. 14.
Cuadro sinóptico de los niveles de investigación o tipos de estudio.

5.3
La función de la teoría con relación a la investigación

Ya hemos dicho que la teoría explica la significación de los hechos y las relaciones existentes entre ellos. Es durante la investigación en donde se obtienen los datos, por consiguiente Teoría, Método e Investigación actúan en forma recíproca para generar el conocimiento científico. En la realidad cambiante, dinámica y continua, los hechos no se presentan "como flores que brotan en el campo, y que solo requieren ser recogidas", señala Gurvich (1964); por el contrario: es necesario saber qué se busca y cómo nos orientamos en esa búsqueda.

La teoría tiene la función de, en primer lugar, orientar la investigación. Es la guía para abordar la realidad y para formular correctamente las preguntas que se desean investigar, seleccionar un marco teórico estructurado que comprenda los conceptos, las categorías, las leyes, reglas de operación, etc., es el primer paso que conduce y determina el tipo de investigación. Por medio de la teoría, los datos obtenidos en una investigación adquieren un significado que, relacionándose entre sí, permiten una representación científica de la realidad.

En segundo lugar, gracias a la teoría se ordenan y sistematizan los hechos agrupándolos por clase, distinguiéndolos, relacionándolos, es decir, clasificándolos.

Por último, la teoría permite detectar áreas no exploradas del conocimiento y en ciertos casos, ayuda a predecir, a anticipar por medio de inferencias, la regularidad de algunos factores que producen los fenómenos. Por ejemplo, si sabemos que cierta proteína proporciona estructura a una célula bacteriana, y encontramos una proteína similar en el tejido de un mamífero, es altamente probable que ésta juegue también un papel estructural en la célula del mamífero.

Al igual que la teoría es una guía para la interpretación, los hechos, objetos o fenómenos son inseparables de la teoría, ya que es con ellos que iniciamos el proceso de la investigación. A través de la observación, los incorporamos y, los enfocamos conceptualmente.

5.4
Las etapas de la investigación

En esta sección te presentaremos las etapas que se aplican con mayor frecuencia en la Investigación Científica. De manera similar a como lo hemos venido haciendo con la Ciencia y con el Método Científico, reflexionaremos acerca de cada una de estas etapas, porque queremos que comprendas la manera en que se inician las investigaciones y la forma de plantear un problema científico, sus objetivos y justificación, el procedimiento para seleccionar el marco teórico o enfoque de referencia, las inferencias hipotéticas, el diseño de la investigación, la fase empírica y el muestreo, la recopilación de la información, la elaboración de los datos, su procesamiento y análisis y la presentación final de tus resultados.

Es importante aclarar la idea de reflexionar sobre cada fase de la investigación, porque no queremos que en este momento plantees una guía para investigar, sino que analices y "digieras" muy bien todos los conceptos, ya que en la asignatura Seminario de Investigación, deberás, ahora sí, de poner en práctica todos estos conocimientos.

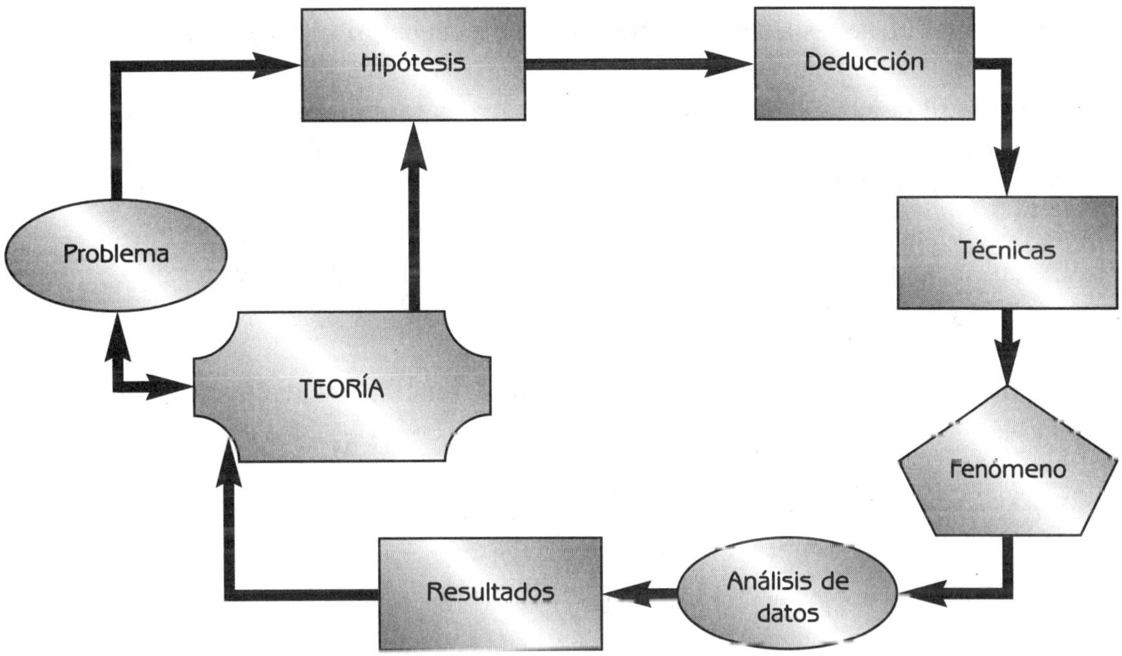

Esquema No. 14.
Diagrama de la investigación.

A continuación, enumeraremos cada una de las etapas de la investigación:

5.4.1 Concebir una idea. ¿Qué estudiar?. Concebir una idea para investigar no es producto de la casualidad, debemos buscar las fuentes que generan ideas y la manera de desarrollarlas. Los materiales que has leído a lo largo de tu formación como profesional, las revistas científicas, el platicar con tus maestros y algunos asuntos de la vida cotidiana pueden ser esas fuentes. La mayoría de las ideas son vagas en un principio, y por lo tanto, requerirán de un análisis cuidadoso a fin de plantearlas de manera precisa y estructurada. Una forma de lograrlo es investigar los antecedentes sobre el tema.

5.4.2 Transformación de la idea en problema. Una idea debe de transformarse en un planteamiento del problema: a través de establecer los objetivos de la investigación, podrás identificar las preguntas más importantes, contextualizar el problema y estudiar su viabilidad. Todo esto dependerá de qué tan familiarizado estés con el tema. Además, el problema debe de relacionarse con las variables que establecen la posibilidad de verificación, y formular clara y de manera precisa, las preguntas, a fin de justificar las razones del estudio, esto es, su importancia social, el valor teórico y/o práctico, el interés de quién lo presenta, etc.

Notas sobre el problema:

* Los problemas no se resuelven automáticamente es necesario buscar soluciones.

* Una forma útil de plantear una situación problema es formularse las preguntas básicas con respecto al objeto de estudio: ¿Qué?, ¿Quién?, ¿Dónde?, ¿Cuándo?, ¿Cómo?, ¿Por qué? ¿Para qué?

* Los problemas pueden ser: conceptuales (definiciones, clasificaciones, categorías) y/o empíricos (de objetos de la experiencia).

* Deben de establecerse de manera explícita, clara y sencilla, evitando situaciones confusas.

* Deben tener concordancia con la teoría científica seleccionada.

* Podrán ser modificados cuando resulten insuficientes.

5.4.3 Contextualizar en un marco teórico. El problema siempre debe de caber dentro de un marco teórico o enfoque de referencia. El marco teórico guía sobre cómo debe de realizarse el estudio, dirige al investigador, centrándolo en la temática precisa. Ayuda a deducir las tesis principales para organizar el trabajo de investigación y provee de un marco de interpretación para los resultados obtenidos. Para definir un marco teórico, se debe de revisar la literatura existente sobre nuestro tema de investigación y relacionarlo con las preguntas formuladas. Así describimos, explicamos y le damos consistencia lógica a nuestro objeto de investigación. Con este proceder defines el tipo de investigación que pretendes realizar.

Notas sobre el marco teórico:

* El marco teórico se va construyendo en la medida en la que vamos acumulando información, delimitando y especificando el objeto de estudio.

* Es un proceso de análisis de las teorías que el investigador construye conforme va seleccionando aquellas que resultan más pertinentes y directas para el objeto de investigación.

* Se busca reunir suficientes ideas teóricas y/o experimentales a fin de transitar de lo conocido a lo supuesto o conjetural del problema, ya sea extendiendo el dominio de la explicación hacia nuestro objeto, o comparándolo y deduciendo algunas hipótesis bien formuladas y susceptibles de conducir a la base del conocimiento teórico y a las relaciones que se establecen con el objeto en particular.

* La teoría debe de conectarse con el objeto de estudio, es decir, debe de establecer las relaciones, ya sean ideales o empíricas, a fin de estructurar una forma de abordar a la realidad. El trabajo en esta fase consistirá en diseñar la investigación: organizar el procedimiento que va a permitir aprehender las dimensiones más importantes que conduzcan a encuadrar el objeto en la teoría, y viceversa, encontrar a la teoría en el objeto.

5.4.4 El diseño de una investigación, su fase empírica. El diseño de la investigación nos conduce al siguiente paso, denominado fase empírica. En esta fase, nos enfrentamos con el objeto que es materia de la investigación. Ponemos a prueba nuestras técnicas metodológicas a fin de captar o capturar los datos del fenómeno en concreto. Al seleccionar el universo de estudio y a partir de éste la muestra requerida, obtenemos la información necesaria y pertinente para ahora procesarla y utilizarla.

La observación es uno de los procedimientos más importantes para obtener información objetiva acerca del comportamiento del proceso, objeto o fenómeno del estudio. Acto seguido, se procede a la experimentación y/o a la encuesta, en el caso de que sea posible realizarlas. En la primera, el investigador interviene para producir artificialmente los procesos que estudia, a fin de encontrar la verdad, el grado de influencia, la duración, etc. de un fenómeno, ya sea para reflexionar y/o probar sus hipótesis o para predecir, confrontar e interpretar algunos resultados. En las encuestas, que se utilizan frecuentemente en temas de Ciencias Sociales, se aplican cuestionarios para obtener los datos, a través de consultar a personas sobre sus costumbres, niveles socioeconómicos, gustos o preferencias, etc. Estos interrogatorios se realizan de acuerdo a una metodología que se sustenta en el marco teórico, en las deducciones que de él se desprenden y en los objetivos de la investigación. Deben de estar sujetos a una recopilación controlada y a un análisis minucioso de la información que de ellos se extraiga.

5.4.5 El análisis de la información y exposición de resultados. El análisis de la información debe de abarcar tanto a los aspectos cualitativos como a los cuantitativos, a través de un examen teórico de los resultados empíricos, a fin de estructurarlos de manera conclusiva en una exposición lógica, conforme a un orden, que no deberá de convertirse en una narración de cada una de las etapas, sino en la presentación de un documento (libro, tesis, artículo, etc.) que dé cuenta de la propia investigación.

Cuadro resumen

La Investigación Científica se puede definir como la serie de etapas a través de las cuales se busca el conocimiento, por medio de la aplicación de determinados métodos y técnicas. Una investigación implica una actitud sistemática y disciplinada: el descubrimiento de los hechos no se deja a la casualidad. Al implementarla, los conocimientos que poseemos sobre un determinado tema se desarrollan, se profundizan y se amplían. Gracias a ella, se logra la comprensión de algunos fenómenos de la naturaleza o de la sociedad para establecer posibles soluciones a problemas prácticos.

De acuerdo a la complejidad del objeto que se quiera estudiar, la investigación puede tener diversos niveles de profundidad: descriptiva, clasificatoria y/o explicativa. Estos tres niveles se encuentran tanto en la fase empírica, que es la implementación de las técnicas, como en el proceso general de la interpretación analítica: el cuadro conceptual y la teoría. Así, podemos describir enumerando, como si fuese una fotografía estática, una determinada situación, por ejemplo, un Hospital. En un segundo nivel, podemos clasificar o agrupar conforme a las diferentes partes que conforman a la situación; siguiendo con nuestro ejemplo, ordenar de acuerdo a las Especialidades o Departamentos: Pediatría, Urgencias, Rayos X; Medicina Interna, Consultorios, etc.

Finalmente, podemos explicar las relaciones de cada una de las partes operando en su conjunto, en su dinamismo, función y movimiento coordinado; en nuestro ejemplo, explicar el papel de un Hospital como un todo.

Con la información precedente, te invitamos a que reflexiones sobre el siguiente esquema:

Problema —> teoría —> deducciones: hipótesis, variables, indicadores —> muestreo: recopilación de información sobre el fenómeno en concreto —> análisis de los datos —> presentación de los resultados —> nueva teoría

Ejercicios y actividades

1. ¿Qué es investigar? Señala algunas características de la investigación científica.

2. Indica los tres tipos de investigación más importantes.

3. Describe cuál es la tarea de cada nivel de investigación.

a) Descriptivo: ______

b) Clasificatorio. ______

c) Explicativo: ______

4. ¿Qué función cumple la teoría dentro de la investigación?.

5. Enumera cada una de las etapas de la investigación científica y selecciona con tus compañeros un ejemplo de investigación para identificar cada una de las etapas.

unidad 6 seis

La importancia social de la Ciencia

Objetivo

Entenderás la diferencia entre Ciencia Básica, Ciencia Aplicada y Técnica. Definirás y explicarás las cinco concepciones sobre el desarrollo y la importancia social de la Ciencia. Comprenderás la interrelación entre Ciencia, individuo y sociedad.

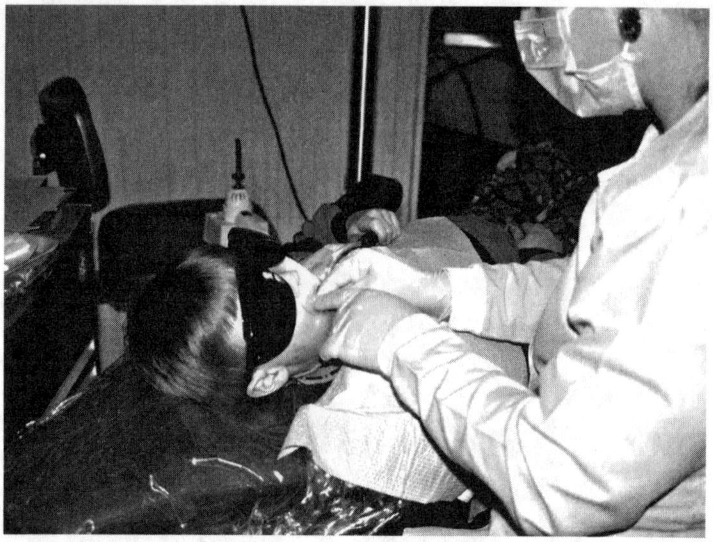

Temas

6.1 La Ciencia Básica, la Ciencia Aplicada y la Tecnología.

6.2 Ciencia y desarrollo.

6.3 Ciencia, individuo y sociedad.

6.1
La Ciencia Básica, la Ciencia Aplicada y la Tecnología

Uno de los problemas a los cuales nos enfrentamos en el momento de definir la investigación, es confundir entre Ciencia Básica, Ciencia Aplicada y Tecnología. Para distinguirlas, Mario Bunge (1980) nos ofrece la siguiente orientación:

a) Un físico estudia las interrelaciones entre la luz y los electrones, en particular, el efecto fotoeléctrico y el principio de la célula fotoeléctrica (o fotovoltaica). Este científico hace Ciencia Básica, tanto de manera teórica como experimental, ya que lo único que se propone es enriquecer el conocimiento humano sobre las interrelaciones entre la luz y la materia.

b) Otro físico estudia la actividad fotoeléctrica de ciertas sustancias particularmente sensibles, con el fin de comprender mejor cómo funcionan las células fotoeléctricas, lo que a su vez podrá servir para fabricar dispositivos fotoeléctricos más eficaces. Este investigador hace Ciencia Aplicada, teórica y experimental, porque aplica los conocimientos que se han obtenido a través de investigaciones básicas.

c) Un ingeniero estudia las células fotoeléctricas en un laboratorio industrial, pero no tan sólo para saber cómo funcionan, sino para diseñar una batería de células fotoeléctricas que se monte en un determinado aparato. Esta persona no es un científico, es un técnico, y como tal, su mirada está puesta sobre el desarrollo de artefactos útiles. Para él, la Ciencia no es un fin sino un medio para producir o implementar una técnica. Utiliza los conocimientos generados tanto en la investigación básica como en la aplicada. Del mismo modo, un farmacólogo empeñado en encontrar una medicina para aminorar el dolor de cabeza no tiene el propósito de enriquecer el conocimiento por el conocimiento mismo, sino de encontrar la forma de manufacturar unas pastillas. La Tecnología busca encontrar procedimientos o técnicas que permitan fabricar aparatos, pastillas, etc.

d) Finalmente, el propósito de la pila y de las pastillas es comercializarlos, resultando en que todo el trabajo del científico básico y del aplicado y el artefacto que era la meta del ingeniero (o farmacólogo), son productos cuyo propósito último es su venta.

No debemos de confundir una Ciencia con un producto industrial o con un servicio. Aunque existe una interacción real entre cada tipo de Ciencia, es importante distinguir los tipos de actividad que se realizan en cada modelo de investigación. Quienes estudian la flora de un país hacen botánica básica, y quienes investigan los recursos vegetales hacen botánica aplicada, ya que buscan y estudian plantas y hongos que tengan una posible utilidad en la alimentación, en la Medicina o en la industria. Pero los botánicos no se ocupan del proceso de transformación de los vegetales en alimentos, pastillas o construcción: esta es materia técnica, no científica. El objetivo de la investigación científica es descubrir, explicar y establecer leyes; el fin, comprender la realidad íntegra. En cambio, la Tecnología se propone controlar ciertos sectores de la realidad con la ayuda de los conocimientos de todo tipo, incluyendo los científicos. La Ciencia conoce, la Tecnología emplea. Por esto, la Tecnología se convierte en un conjunto de instrumentos, procedimientos, términos, técnicas y medios empleados en las distintas ramas industriales.

¡Observa la importancia de los tipos de investigación científica y la relación que tiene cada uno de ellos con lo que tu estudias!

CIENCIAS BÁSICAS	CIENCIAS APLICADAS	TECNOLOGÍA	SERVICIOS
Astronomía	Óptica de telescopios	Diseño para la fabricación de telescopios	Industria de lentes
Biología	Zoología	Zootecnia	Industria de la carne
Física	Física de semiconductores	Diseño de radios y televisores	Fabricación de aparatos de radio y televisores
Sociología	Sociología del desarrollo	Planeación del desarrollo económico	Implementación de planes de desarrollo

6.2

Ciencia y desarrollo

Si tú vas a un Instituto en el que se haga investigación sobre bioquímica en una Universidad y le preguntas a un estudiante de Posgrado el título de su proyecto de Tesis, es probable que, si hace Ciencia Básica, te conteste algo como "Regulación de la expresión de los genes que codifican para las proteínas involucradas en la síntesis y en la degradación de compuestos nitrogenados en Aspergillus nidulans". Tú, al igual que su familia, sus amigos de la preparatoria y en general las personas que no sean sus colegas, le preguntarán que qué es eso, y sobre todo, que para qué sirve. La respuesta a esta pregunta es para saber. La Ciencia Básica se encarga de la generación del conocimiento. Un país debe de generar y mantener su propia Ciencia Básica, porque sin ella no puede tener Ciencia Aplicada y mucho menos desarrollar Tecnología propia. Si una sociedad no cuenta con una comunidad de científicos y, sobre todo, no le aporta los recursos suficientes para impulsar sus investigaciones, la alternativa que tiene esa sociedad es importar la Tecnología y permanecer en el subdesarrollo. ¿Te das cuenta de la necesidad imperiosa de apoyar a la Ciencia en nuestro país? Por eso, es fundamental que tú te involucres no sólo en la reproducción, sino sobretodo, en el proceso de la generación del conocimiento. Los mexicanos debemos de estar conscientes de que la mejor forma de contribuir a resolver los problemas de la pobreza, de nuestra dependencia económica, cultural y tecnológica, de nuestras carencias en materia de salud y de educación, es prepararnos, estudiar, comprometernos con el conocimiento y ser solidarios con nuestros semejantes.

Con la Tecnología se puede ayudar al desarrollo de un país, pero por sí sola no basta, es necesario complementarla con otros aspectos. Nuevamente, Mario Bunge (1980) nos ilustra sobre las cinco concepciones principales del desarrollo de una sociedad humana: la biológica, la económica, la política, la cultural y la integral. Entender que la sociedad está compuesta por las cuatro primeras y en continua relación, te conducirán al quinto aspecto. Cualquier desarrollo unilateral puede provocar desajustes en los demás:

I. La concepción biológica se refiere al bienestar y mejora de la salud por medio de la nutrición, alojamiento, ejercicio, hábitos de convivencia, etc.; resulta claro que su pretensión es inútil si no considera el aspecto económico: por ejemplo, ¿cómo ignorar que casi siempre la desnutrición, es parte de una mala distribución de los recursos económicos?

II. La concepción económica se identifica con el crecimiento y con la industrialización. Es la más mencionada en los discursos de empresarios y políticos, y a menudo nos impone sacrificios tanto en el ámbito de nuestra calidad de vida, como en el de nuestro desempeño cultural. Se le considera como el fin y no como un medio para alcanzar el equilibrio social.

III. El aspecto político del desarrollo consiste en el aumento y seguridad de nuestros derechos políticos y humanos, que de nada sirven si carecemos de los medios económicos y culturales para ejercerlos.

IV. La dimensión cultural es equivalente a enriquecimiento de la cultura y a difusión de la educación. Sin embargo, un escolar que no ha comido, no logrará adquirir un aprendizaje; con enfermedades se trunca la calidad de vida.

V. Para que el desarrollo sea pleno se requiere de que cada uno de estos cuatro aspectos converjan por igual en la construcción de una sociedad moderna e integral.

6.3

Ciencia, individuo y sociedad

Analiza con atención el siguiente diagrama, que sintetiza la interrelación entre la Ciencia, la sociedad y el individuo. El hombre:

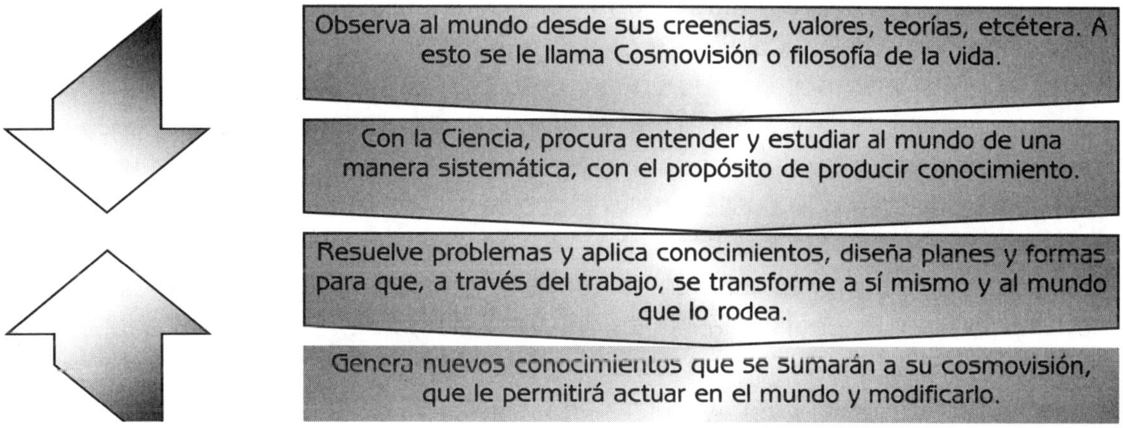

Finalmente, como ya puedes comprender cada uno de los aspectos que te presentamos en el siguiente esquema sobre los principios del conocimiento científico y valorar su utilidad para tu formación, ¡es hora de que en el próximo curso, abras tu libro de Seminario de Investigación, y junto con lo que has aprendido y lo que ahí se te indica comiences a realizar tu propia investigación!

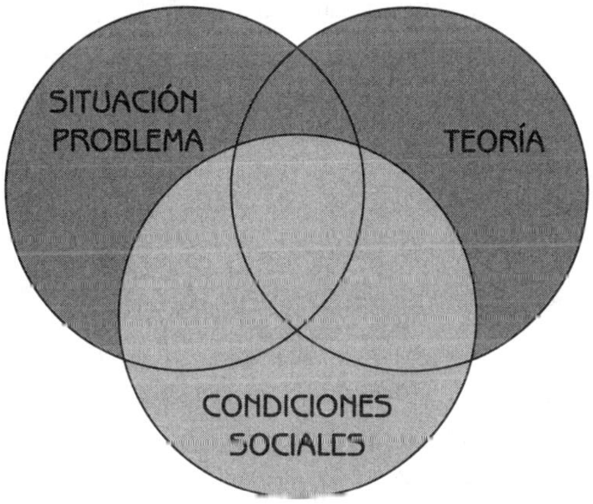

Esquema No. 15.
La producción del conocimiento científico es la intersección entre la situación problema o fenómeno a estudiar, la teoría en la que se sustenta y las condiciones sociales en las que se inserta.

Cuadro resumen

El último esquema quedará bien entendido si comprendes esto:

En general, la Ciencia Aplicada se desarrolla como una extensión lógica de la Ciencia Básica, ya que aprovecha sus aportes teóricos. Sin embargo, hoy en día, la investigación básica es valorada erróneamente en función de la aplicada, y peor aún, en función de la Tecnología, que es el vínculo entre conocimientos y operaciones y las necesidades de la producción. Por ejemplo, cuando un científico básico solicita apoyo económico para realizar su proyecto de investigación, se le pide que justifique su petición en términos de para qué va a servir su aportación, es decir, se le exige que ésta tenga una aplicación, o mejor aún, que implique un desarrollo tecnológico. A veces, las empresas y los órganos estatales de apoyo a la Ciencia olvidan que: "el que hace crecer dos plantas de trigo, allí donde sólo crecía una, es un bienhechor de la humanidad, pero el que descubre, mediante su labor científica, las leyes del crecimiento de la planta, es doblemente bienhechor". Para que la Ciencia tenga una aplicación, es menester que esta exista como tal previamente, es decir, tanto unos como otros se necesitan mutuamente. La aplicación no puede existir si previamente no se conoce al fenómeno, y la Tecnología no puede implementarse sin basarse en conocimientos previos. Además de que en la sociedad haya hombres emprendedores y hombres de empresa, se debe de hacer una empresa de la Ciencia.

Existen muchos problemas que exigen ser resueltos, es decir, hay urgencias o necesidades sociales que reclaman de la Ciencia una respuesta rápida y adecuada. Encontrar esas soluciones no es tan fácil. Diversos factores lo pueden impedir: la filosofía de una sociedad o país, qué tanta importancia se le da a la Ciencia; la resistencia de algunos individuos que con su moral o costumbres piensan que se atacarían sus principios; también se oponen factores económicos, generalmente la investigación depende de financiamientos públicos y privados; factores políticos, como gobiernos o individuos que prohiben pensar de una determinada manera o que callan la crítica y manipulan la información; y factores personales, de la capacidad del investigador, que dependen del medio ambiente en que ha crecido, de su herencia biológica y social, de su personalidad e historia privada y de su educación. Pero un buen antídoto contra todo lo anterior lo representa el trabajo multidisciplinario, comprometido y en equipo, que es una forma de corregir las propias opiniones, los argumentos y las observaciones, confrontándolas con las de los otros.

Ejercicios y actividades

1. Explica la diferencia entre Ciencia Básica, Ciencia Aplicada y Tecnología. Busca un ejemplo que las relacione.

2. ¿Cuál es la importancia social de cada uno de los tipos de ciencia?

3. Explica la diferencia y la importancia de las distintas concepciones de desarrollo. ¿Podrías hacer una gráfica, dibujo, ilustración o modelo que represente a cada uno por separado y a todos en su conjunto?

4. Explica la relación entre la Ciencia, el individuo y la sociedad, ya sea en un breve ensayo escrito o bien has una presentación frente al grupo indicando ejemplos de alguna película o noticia.

Glosario

Abstracción: Extracción de una cualidad de un objeto. Más frecuentemente, proceso mediante el cual se obtienen ideas generales.

Análisis: Descomposición de un objeto en las partes que lo constituyen, separación y distinción de las partes de un todo hasta llegar a conocer los principios que lo forman.

Analogía: El término tiene muchas acepciones y aplicaciones, en este libro lo estamos utilizando como relación de semejanza entre cosas distintas, además relación existente entre objetos, conceptos o términos que tienen características comunes o desempeñan funciones parecidas.

A posteriori: Un enunciado se fundamenta a posteriori si se basa en la experiencia; con relación a la experiencia; idea que proviene de la experiencia y depende de ella.

Asimétrico: Sin simetría, sin correspondencia, sin medida en los elementos de un conjunto, sin posición o forma, sin relación con algo.

Autocorrectivo: que se rectifica a sí mismo.

Axioma: Se considera como un principio evidente en sí mismo y que por tanto no necesita de demostración. En el cálculo, los axiomas son proposiciones gracias a las cuales se han de demostrar todas las restantes proposiciones.

Azar: Hecho fortuito, debido a la casualidad.

Clasificar: Distribución jerárquica de los individuos de un conjunto según su extensión en género y especies; ordenar por clases.

Código: Cuerpo de leyes que forma un sistema completo de legislación sobre alguna materia; cifra o signo para comunicar algo; en este caso, sistema de signos y reglas que permiten formular y comprender un mensaje.

Componente: Que forma parte de un todo.

Comprobar: Confirmar un fenómeno, someter a un proceso de verificación, demostrar algo.

Concepto: Idea universal; ideas que forman al entendimiento; formar un juicio que es producto de la definición, representación simbólica, normalmente por medio del lenguaje de una idea abstracta y general.

Conciencia: En el sentido moral, espíritu dirigido a la realidad; en el sentido epistemológico, centro de la reflexión; en el sentido metafísico, sinónimo del yo o del alma; en el sentido psicológico, la claridad de la mente por oposición al subconsciente a al inconsciente. Conocer y apreciar algo por medio del discernimiento.

Conjetura: Opinión basada en apariencias, en probabilidades. Formarse un juicio probable basado en indicios u observaciones.

Contingente: posibilidad de que una cosa suceda o no suceda.

Contradicción: Por oposición, incompatible, opuesto.

Convalidar: Rectificar, confirmar. Dar por válido. Reconocer oficialmente.

Cotidiano: Diario, habitual, de todos los días.

Deducción: Género de razonamiento que pasa de principios generales a las cosas particulares; sacar las consecuencias de una proposición o supuesto, inferir.

Definición: Precisión de un término mediante la determinación de su género próximo y su diferencia específica, ejemplo: El hombre es un animal (género) racional (diferencia específica). Fijar con posición al significado de una palabra o naturaleza de una cosa, explicación clara y exacta.

Dimensión: Todo el plano, grado o dirección en que se pueda efectuar una investigación o realizar una acción. La descomposición de un concepto en las partes que lo componen. Por ejemplo: la inteligencia es un concepto que puede estudiarse en diferentes dimensiones: manual, abstracta, verbal, etcétera

Discernimiento: Distinción. Juicio recto, proceder a distinguir con acuerdo.

Dogmatismo: Acción de afirmar, sin dejar duda, ciertas ideas consideradas como verdaderas y que son en realidad discutibles y/o falsas.

Empírico: Saber que se adquiere con la práctica, con la

repetición y la memoria. En este sentido, corresponde al significado de experiencia. Basado en la observación y la experiencia.

Epistemología: Rama de la Filosofía que se refiere a la Ciencia propiamente dicha y al conocimiento científico. Teoría o tratado acerca del conocimiento, del origen de las ideas, estructura y validez.

Estrategia: Arte de dirigir y coordinar las operaciones. Arte de coordinar las acciones y de obrar para alcanzar un objetivo.

Estructura: Distribuir, ordenar las partes de una obra. Disposición de las distintas partes de un todo, conjunto de partes o armazón ordenado de un conjunto con relación entre ellas.

Evaluación: Valoración, procedimiento para asignar valor, calificar algo.

Evidencia: Certeza de la existencia de un objeto cualquiera como tal. Demostración o prueba, hacer claro y patente algo que no deje lugar a dudas.

Experiencia: Datos obtenidos por los sentidos, conjunto de las observaciones realizadas a partir de estos datos, conocimiento adquirido por medio de la práctica.

Experimento: Experiencia ordenada y dirigida de observación. Someter a prueba observando las reacciones, repetir un fenómeno bajo control.

Fáctico: Real, verdadero. Relativo a los hechos.

Factible: Posible, realizable. Que es posible hacerlo, que tiene probabilidad de ser.

Falsificación: Se refiere a que todo enunciado en la Ciencia puede ser ilegítimo, es decir, susceptible de demostrar su falsedad, a menos que se compruebe lo contrario.

Fenómeno: Hecho científico que se puede observar. Lo que es percibido por los sentidos y la percepción.

Génesis: Conjunto de hechos que concurren en la formación de una cosa. Origen o principio de algo.

Hermeneútica: Es la Ciencia universal de la interpretación y de la comprensión o entendimiento crítico y objetivo del sentido. Parecido a empatía, es la capacidad de reproducir en una misma situación los sentimientos de otras personas, de comprender sus circunstancias, ponerse en su lugar.

Hipótesis: Toda afirmación que no pretenda ser válida de manera absoluta y definitiva y en la que sus consecuencias están abiertas a verificación o confirmación en el campo de la experiencia, tesis que se acepta provisionalmente.

Homogéneo: La relación entre cosas que pertenecen al mismo género (por ejemplo, blanco y negro), que tienen la misma composición (por ejemplo, las partes de un objeto compuesto por el mismo material), que tiene entre sí componentes similares o de igual naturaleza.

Heurístico: Acción de promover la investigación para llegar al conocimiento. Medio a través del cual se comprende algo por analogía o enseñanza.

Indicador: Que advierte o señala algo. Máximo grado de operacionalización de una variable para el control empírico de los enunciados conceptuales; en lo que se subdividen las variables o dimensiones.

Inducción: Es el proceso de descubrir y formular enunciados o leyes generales a partir de observaciones o experiencias particulares. Razonamiento que va de lo particular a lo general.

Inferencia: Proviene del término latino inferre, indica el hecho de que en una relación de dos proposiciones la primera (antecedente), implica o contiene por implicación estricta a la segunda. Sacar una consecuencia de una cosa, inferir a partir de indicios.

Intuición: Conocimiento sensorial, emocional, o intelectual, siempre inmediato de un objeto. Percepción instantánea de un objeto sin ayuda de la razón.

Investigación: Definida por J. Dewey (1859 1952. Filósofo y Pedagogo norteamericano) como la transformación controlada o dirigida de una situación indeterminada en otra que está determinada en sus distinciones y relaciones constitutivas que convierten los elementos de la situación original en un todo unificado. Búsqueda, indagación, conjunto de trabajos destinados al descubrimiento de algo en la Ciencia.

Léxico: Conjunto de palabras de una lengua o las utilizadas por un escritor. La terminología de una lengua y el estudio de sus voces.

Ley: Expresión de la relación necesaria que une entre sí dos fenómenos naturales. Enunciado general que afirma una conexión esencial o una conjunción de constantes simples o estadísticas entre ciertos fenómenos o situaciones científicamente comprobadas.

Lógica: Parte de la Filosofía cuyo objeto es el razonamiento recto y dirigido a encontrar la verdad y evitar el error. Que se exponen las leyes, modos y formas del conocimiento, argumentación y consecuencias.

Medir: Determinar la longitud, extensión, volumen o capacidad de una cosa; tomar las dimensiones de un individuo o cosa. Examinar detenidamente.

Metafísica: Ciencia de los principios y de las primeras causas. Filosofía general, teórica y abstracta.

Metodología: el conjunto de los procedimientos metódicos de una Ciencia o de varias; el análisis reflexivo de tales procedimientos.

Mesurar: Regularse, moderarse o contenerse.

Muestra: Pequeña cantidad de una mercancía o de un producto. Fracción representativa de un grupo de personas consultadas en una encuesta.

Noción: Acto de operación cognoscitiva. Conocimiento que se tiene de una cosa.

Normativo: Que proporciona normas, reglas que se deben seguir. Reglas de conducta que establecen obligaciones de comportamiento a seguir en diversas situaciones.

Objetivo: Lo mismo que el objeto, cuando la palabra se adopta en el sentido de fin o finalidad. Relativo al objeto, a lo que existe realmente, actitud imparcial, capacidad de explicar científicamente.

Objeto: (lat. objetum, echado enfrente) Suele designar a aquello hacia lo cual se dirigen los actos del pensamiento, de la imaginación o de la percepción. Algunas veces se emplea como sinónimo de cosa. Todo lo que puede ser materia de conocimiento, intelectual o sensible.

Paradigma: Modelo o ejemplo. Una Ciencia en sus problemas, Métodos y conocimientos. Una matriz disciplinaria. Lo que los miembros de una comunidad científica comparten, sus principios básicos y fundamentales.

Percepción: Es una operación determinada del hombre, en su relación con el medio ambiente. Interpretación de los estímulos. Apreciar la realidad por los sentidos.

Proposición: En la Lógica contemporánea se identifica con juicio. Exposición del asunto que ha ser objeto de demostración.

Raciocinio: Actitud de quien se confía a los procedimientos de la razón para la determinación de creencias o técnicas en un campo determinado. Facultad esencial del hombre, discernimiento, tipo de pensamiento que une juicios para llegar a conclusiones.

Simbólico: Cosa que se toma convencionalmente como representación de un concepto. Ejemplo: el laurel es símbolo de la victoria.

Sistema: Discurso organizado en forma deductiva, constituye un todo cuyas partes son resultado una de la otra.

Sistemático: relativo a un sistema o hecho según un sistema: conocimiento sistemático. Que actúa con método. Conjunto de principios coordinados para formar un todo científico, combinación ordenada de ciertas partes para conseguir resultados en su conjunto.

Sujeto: aquello de lo que se habla, a lo que se atribuye cualidades o determinaciones, a lo que tales cualidades o determinaciones son inherentes. Persona o individuo del cual se dice algo.

Supuesto: La premisa no declarada de un razonamiento, la inferencia de la que se hace uso en el curso de un razonamiento. Considerar algo como admitido y cierto.

Técnica: Comprende todo conjunto de reglas aptas para dirigir eficazmente una actividad cualquiera, procedimiento o habilidad para hacer algo. Aplicación, práctica.

Teoría: Designa a un conocimiento sistematizado (ver Unidad correspondiente).

Típico: Lo que corresponde a un modelo o a una representación general o esquemática.

Trascender: que va más allá de lo limitado, una situación que rebasa lo dado, extender los resultados y sobrepasar los propios límites.

Verificación: Constatar el valor de verdad de un enunciado, confirmar sobre la base de pruebas

Verdad: La validez o la eficacia de los procedimientos cognoscitivos, cualidad por la cual un procedimiento de conocimiento resulta eficaz o tiene éxito. Calidad de lo que es cierto, correspondencia de lo que se dice con lo que se hace.

Verosímil: Lo que se parece a lo verdadero, sin tener la pretensión de serlo, admisible, probable.

Bibliografía

Ander- egg, Ezequiel. Introducción a las técnicas de investigación social. Buenos Aires, Humanitas. 1974.

Arias, Alicia (comp.) Lecturas para el curso de Metodología de la Investigación. Trillas, México, 1976.

Blalock, H. M. Construcción de teorías en ciencias sociales: de las formulaciones verbales a las matemáticas. Trillas, México, 1980.

Bunge, Mario. Ciencia y desarrollo. Siglo XX, Buenos Aires, 1980

Bunge, Mario. La investigación científica. Ariel, Barcelona, 1983.

Dietrich, Hans. Guía de investigación científica. Universidad Autónoma Metropolitana, México 1980.

Dietrich, M. El oficio del científico, Colegio Madrid, México, 1994.

Good, William y Hatt Paul. Métodos de investigación social, Trillas, México, 1977.

Gutiérrez, Raúl y Sánchez José. Metodología del trabajo intelectual. Trillas, México, 1980.

Grawitz, Madeleine. Métodos y técnicas de las ciencias sociales. Edit. Mexicana, México, 1980.

Hernández, Roberto y otros. Metodología de la investigación, Trillas, México, 1998.

Kerlinger, F. Investigación del comportamiento: Técnicas y metodología, Nueva Editorial Interamericana, México, 1975.

Kuhn, Thomas. La estructura de las revoluciónes científicas. Fondo de Cultura Económica, México, 1983.

López, José Luis. Método o hipótesis científica. Trillas, México, 1989.

Mardones, J.M. y Ursua, N. Filosofía de las ciencias humanas y sociales: Materiales para una fundamentación científica, Fontamara, México, 1989.

Cohen, M y Nagel, E.. Introducción a la lógica y el método científico. Amorrortu, Buenos Aires, 1973.
Münch, Lourdes y Angeles Ernesto. Métodos y técnicas de investigación. Trillas, México, 1990.
Noghi, M. Metodología de la investigación en Administración, Contaduría y Economía, Limusa, México, 1984.
Pardiñas, F. Metodología y técnicas de investigación en las Ciencias Sociales, Siglo XXl, México, 1977.
Padua, Jorge. Técnicas de investigación aplicadas a Ciencias Sociales, El Colegio de México y Fondo de Cultura Económica, México, 1979.
Rivera, M. Melesio. La comprobación científica. Trillas, México, 1990.
Rojas, S. Raúl, El proceso de investigación científica, Trillas, México,1981.
Russell, Bertrand. La perspectiva científica, Ariel, Barcelona, 1982.
Schwartzman, S. (comp.) Técnicas avanzadas en Ciencias Sociales. Nueva Visión, Buenos Aires, 1977.
Tamayo, M. El proceso de la investigación científica: fundamentos de investigación. Limusa, México,1981.

ESTA OBRA SE TERMINÓ DE IMPRIMIR EN EL MES DE AGOSTO DE 1999, EN LOS TALLERES DE LITOGRAFÍA MAGNO GRAF, S.A. DE C.V. CALLE. E No. 6 FRACCIONAMIENTO INDUSTRIAL PUEBLA 2000, PUEBLA, PUEBLA.

LA EDICIÓN CONSTA DE 40,000 EJEMPLARES Y SOBRANTES PARA REPOSICIÓN.